Kinderspiele

Tolle Ideen für drinnen und draußen

Ulrich Steen

KINDER SPIELE

Tolle Ideen für drinnen und draußen

Bassermann

Impressum

ISBN 978-3-8094-2946-3

5. Auflage 2020

Projektleitung: Herta Winkler
Konzeption, Illustration und Realisation: Medienprojekte München
Umschlaggestaltung: Atelier Versen, Bad Aibling
Herstellung: Elke Cramer

Verlagsgruppe Random House FSC®-N001967

Druck und Bindung: Mohn Media Mohndruck, GmbH Gütersloh
Printed in Germany

Inhalt

Einleitung

„Lass uns spielen!“ Nichts tun Kinder lieber. Selbstvergessen und mit Hingabe sind sie dabei, wenn es darum geht, die Welt zu entdecken, Dinge zu verstehen. Die eigenen Fähigkeiten abzuwägen, das eigene Können auszuprobieren.

Viele Eltern genießen es, ihren Kindern beim Spielen zuzuschauen, wenn die Kleinen mit ihren Freunden toben, konzentriert Aufgaben lösen oder selbstvergessen die Wunder der Natur entdecken.

Spielen ist eine Reise ins Wunderland, in dem die Kinder ihre überschäumende Kreativität ausleben und lernen, sich an Regeln zu halten, ihre Mitspieler zu respektieren und dieses glückliche Gefühl zu genießen, mit anderen zusammen herrliche Stunden zu verbringen.

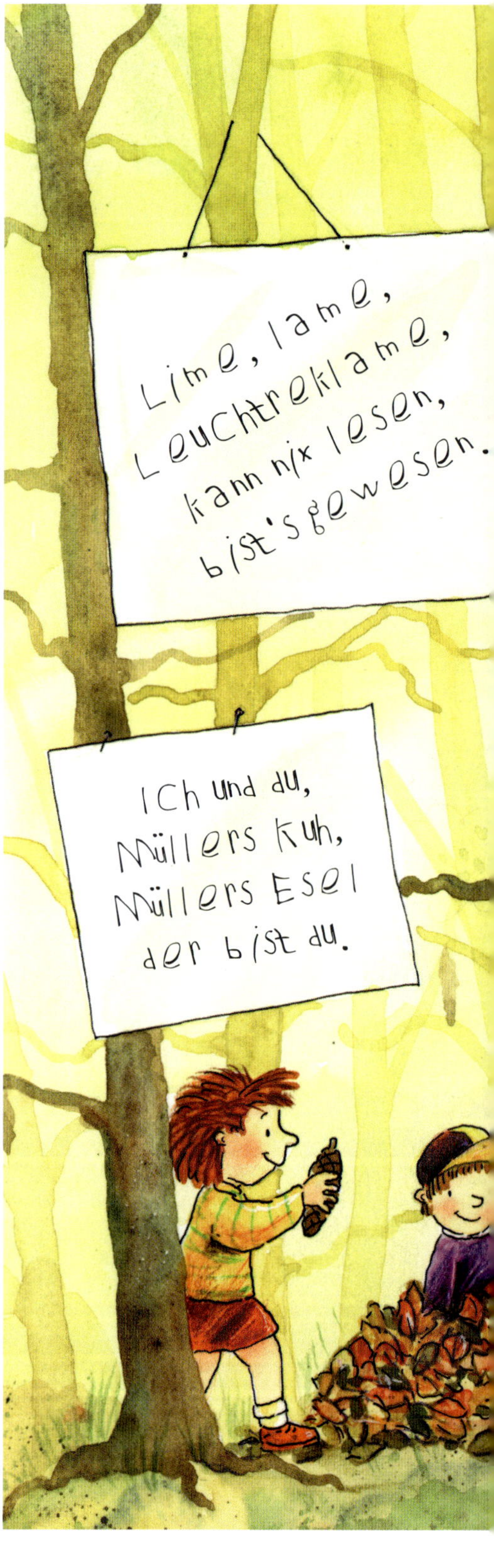

Mit diesem Buch möchten wir Ihnen, liebe Eltern, Anregungen bieten, wenn, was sicherlich nur selten vorkommt, die Kinder nicht wissen, was sie spielen sollen – oder ihre Neugierde befriedigen wollen, indem sie etwas spielen möchten, was sie noch nicht kennen. Unsere Spielvorschläge haben wir in viele Kategorien geordnet, so fällt die Übersicht leichter und Sie finden schnell, was Sie suchen. Die Spiele sind für Kinder ab vier Jahren geeignet. Manche eignen sich auch erst für die älteren – oder erfordern sogar einen Erwachsenen, der das Spiel leitet.
Für viele Mütter und Väter doch eigentlich die ideale Gelegenheit, selbst mal wieder zu spielen.

Abzählen und auswählen

Oft ist es so, dass die Kinder, die sich gut verstehen, in einer Gruppe zusammenspielen wollen. Um mal etwas Abwechslung hineinzubringen, können die Spielgruppen vorher auch ausgelost und so bunt durcheinander gemischt werden.
Hier ein paar Vorschläge, wie ihr die Gruppen auslosen könnt.

Hinkelstein

Die Gruppenführer stellen sich ein paar Schritte auseinander und gehen dann so aufeinander zu, dass abwechselnd jeder einen Fuß vor den anderen setzt.
Wer am Ende dem anderen auf den Fuß „tritt" hat gewonnen und darf als Erster ein Gruppenmitglied wählen.

Ziehen

Pro mitspielendem Kind brauchen Sie einen Bindfaden, eine Schnur oder etwas Ähnliches.
Die werden auf einen Haufen in die Mitte gelegt und etwas durcheinandergebracht.
Jedes Kind darf nun das Ende eines Bindfadens, einer Schnur oder etwas Ähnlichem in die Hand nehmen. Das Kind, das das andere Ende in der Hand hält, mit dem spielt man dann zusammen.

Losen

Je nachdem, wie viele Kinder mitspielen, werden entsprechend Zettel vorbereitet. Für jede Gruppe wird dann ein Symbol festgelegt, z.B. ein Auto, eine Katze oder ein Ball. Je nachdem, wie viele Kinder in einer Gruppe sind, werden dann die Zettel bemalt. Sind zum Beispiel drei Kinder in der Gruppe „Auto", werden drei Zettel mit einem „Auto" bemalt. Anschließend darf jedes Kind einen Zettel ziehen und sucht sich dann die Kinder, die das gleiche Symbol gezogen haben.

Puzzeln

Um mehrere Gruppen zu bilden, kann zum Auslosen auch ein „Puzzle" benutzt werden. Dazu schneidet man ein altes Bild, z.B. aus einer Illustrierten oder einer Zeitung, in so viele Teile, wie Kinder in der Gruppe sein sollen. Pro Gruppe wird dafür ein Bild genommen. Anschließend darf jedes Kind ein Puzzleteil ziehen, dann versuchen alle, ihre Puzzles zusammenzusetzen. Die Kinder, die ein Puzzle zusammensetzen können, sind dann in einer Gruppe.

Die schönsten Abzählreime

Ene mene muh

Ene mene muh – und raus bist du.
Raus bist du noch lange nicht,
Sag mir erst, wie alt du bist.
(Das ausgewählte Kind nennt sein Alter,
dann wird weitergezählt.
Der Letzte ist dann draußen!)

Eine kleine Dickmadam

Eine kleine Dickmadam
Fuhr mal mit der Eisenbahn.
Eisenbahn, die krachte,
Dickmadam, die lachte,
Eins, zwei, drei und du bist frei!

Ene mene Rätsel

Ene mene Rätsel,
Wer bäckt die Brezel,
Wer bäckt den Kuchen,
Der muss suchen!

Meine Güte, in der Tüte

Meine Güte, in der Tüte
Sitzt ein Kater, macht Theater,
Kam der Bär, macht noch mehr,
Kam die Maus – und du bist raus!

Amtmanns Bär

Amtmanns Bär,
Schickt mich her:
Ich soll holen zwei Pistolen,
Eine für dich, eine für mich.
Ich bin ab und du noch nicht!

Ene mene Tintenfass

Ene mene Tintenfass,
Geh zur Schul und lerne was.
Wenn du was gelernet hast,
Komm nach Haus und sag mir was.
Eins, zwei, drei und du bist frei!

Lirum, larum, Löffelstiel

Lirum, larum, Löffelstiel,
Alte Weiber essen viel.
Die jungen müssen fasten,
Das Brot, das liegt im Kasten.
Das Mehl, das liegt im Taubenhaus,
Kommt ne Maus und trägt es raus,
Du bleibst hier und du musst raus!

Kinderspiele ohne Abzählreime, das ist irgendwie nicht wirklich vorstellbar.

Laufen und fangen

Es ist immer wieder faszinierend zu beobachten, wie vor allem jüngere Kinder den ganzen Tag unermüdlich auf den Beinen sein können, mit ihren Freunden rennen, laufen, jagen, toben – und abends immer noch nicht müde sind!

Die Katze jagt die Maus

Gelingt es den Kindern, das kleine Mäuschen geschickt vor der hungrigen Katze zu schützen?

Das Spiel:

- *ab fünf Jahren*
- *ab sechs Kinder*
- *fünf Minuten*
- *draußen*
- *keines*

So wird gespielt:

Das kleinste Kind darf die Maus sein und die Katze wird ausgelost. Dann bilden alle Kinder einen möglichst großen Kreis, während die Katze außerhalb und die Maus innerhalb des Kreises sind. Dann ruft die Katze nach der Maus, aber die ist natürlich nicht dumm und bleibt lieber in Sicherheit im Inneren des Kreises. Klar, dass die Katze deshalb versucht, in den Kreis hineinzugelangen. Die anderen Kinder, die den Kreis bilden, dürfen dies verhindern, indem sie ihre Arme tief halten, damit die Katze nicht hindurchkommt, oder sie rücken näher zusammen.

Der Kreis sollte aber immer in etwa gleich groß bleiben. Lassen sich zwei Kinder los, dürfen sie sich nicht wieder anfassen, die Katze kann also leichter hindurchschlüpfen. Ach ja: Um die Maus zu fangen, reicht es, sie an der Schulter oder am Arm abzuklatschen. Wenn das geschehen ist und ihr weiterspielen wollt, darf die Katze zwei neue Spieler bestimmen.

Einer bleibt über

Das Spiel:

ab fünf Jahren
ab sechs Kinder
fünf Minuten
draußen
Kreide oder Zweige zum Markieren

So wird gespielt:

Als Erstes sucht ihr ein Spielfeld aus und legt die Grenzen fest, z.B. die vier Ecken, indem ihr in jede einen Schulranzen oder eine Tasche legt. Auf Asphalt könnt ihr auch die Grenzen mit Kreide aufzeichnen.
Dann wird ein Kind als Fänger bestimmt. Dieses Kind stellt sich auf der einen Seite des Spielfelds auf, die anderen Kinder stehen auf der anderen Seite.
Dann zählt der „Fänger" bis „Drei" und läuft los, um eines der anderen Kinder zu fangen. Die versuchen natürlich, auszuweichen. Hat der „Fänger" ein Kind erhascht, müssen sich das Kind und der Fänger an den Händen halten und zu zweit weiter „fangen". Das geht immer so weiter, bis die gefangenen Kinder eine lange Kette bilden und nur noch ein Kind übrig geblieben ist. Dieses Kind hat dann gewonnen und darf in der nächsten Runde als „Fänger" anfangen.
Denkt daran: Je mehr Kinder mitspielen, um so größer sollte die Fläche sein.

Eine Variante:

Sobald vier Kinder eine Kette bilden, teilt sich diese und beide Ketten gehen dann auf die Jagd nach weiteren „Gliedern".

Die Symbole

= *Alter*
= *Mitspieler*
= *Dauer*
= *Ort*
= *Material*

Ein beliebtes Fangspiel, das mit der Zeit immer schwieriger wird.

Fang den Schlangenschwanz

Bei diesem Spiel können auch die Kleineren schön mitspielen.

Das Spiel:

- *ab vier Jahren*
- *ab acht Kinder*
- *vier bis fünf Minuten*
- *draußen oder drinnen*
- *zwei Schals*

So wird gespielt:

Benötigt werden längere Schals. Die beiden größten Kinder binden sich den Schal um den Bauch oder, wenn der Schal nicht so lang ist, an eine Schlaufe hinten an der Hose.
Dann müssen zwei Gruppen gebildet werden. Dazu stellen sich alle Kinder, beginnend mit dem kleinsten, in einer Reihe nebeneinander auf. Dann zählt das größte Kind ab. Das erste, dritte, fünfte, siebte usw. Kind treten zwei Schritte vor, das zweite, vierte, sechste, achte usw. zwei Schritte zurück. Je nachdem, wo ein Kind zu wenig ist, stellt sich das abzählende Kind ans Ende. Jedes Kind macht nun eine Vierteldrehung nach rechts und legt seinem Vordermann die Hände auf die Schultern.
Jetzt geht es los. Beide Schlangen müssen nun versuchen, den Schwanz der anderen Schlange zu erwischen. Das ist aber gar nicht so einfach, denn: Nur das kleinste Kind, also die Spitze der Schlange, darf nach dem Schwanz der anderen schnappen, und: Keines der Kinder darf seinen Vordermann loslassen. Passiert es doch einmal, muss das Kind, das seinen Vordermann losgelassen hat, ausscheiden.

Fang mich, wenn du kannst

Wer gut aufpasst und schnell reagiert, hat die besten Chancen, das schnelle Häslein rechtzeitig zu erwischen.

Das Spiel:

- *ab fünf Jahren*
- *ab sechs Kinder*
- *vier bis fünf Minuten*
- *drinnen*
- *Taschentuch oder kleines Handtuch*

So wird gespielt:

Ein Kind wird als „Häslein" bestimmt und bekommt das Stück Stoff. Dann setzen sich alle anderen Kinder in einen Kreis und schließen die Augen. Dann rufen sie gemeinsam: „ Das Häslein hüpft im Kreis herum, hüpf, hüpf, hüpf. Das Häslein hüpft im Kreis herum – und plötzlich bleibt es stehen:"Beim Wort „stehen" bleibt das Häslein stehen und lässt unauffällig sein Stoffstück hinter einem der Kinder fallen. Alle Kinder dürfen jetzt ihre Augen öffnen und schnell hinter sich greifen. Das Kind, das den Stoff hat, muss aufspringen und versuchen, das Häslein zu fangen, indem es hinter ihm herläuft und es jagt. Wird es von dem anderen Kind nicht gefangen, darf es sich auf den freien Platz im Kreis setzen. Das andere Kind ist jetzt das „Häslein" – und das Spiel geht wieder von vorne los.

Die Symbole

= *Alter*
= *Mitspieler*
= *Dauer*
= *Ort*
= *Material*

Häschen in der Grube

Das Spiel:

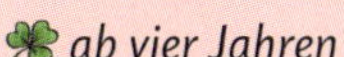

ab vier Jahren
ab fünf Kinder
etwa fünf Minuten pro Häschen
drinnen und draußen
für das Häschen werden aus Pappe und Gummiband ein Paar Häschenohren gebastelt; eine kleine Decke

So wird gespielt:

Ein Kind wird als Häschen ausgewählt, stülpt sich die Hasenohren über und setzt sich in die Mitte auf eine kleine Decke. Das ist seine „Grube". Die anderen Kinder sitzen im Kreis um das Häschen herum. Die Kinder fangen an, das Lied „Häschen in der Grube" zu singen, und das Häschen macht mit. Es sitzt, legt den Kopf in die Arme und schläft. Bei der Frage, ob das Häschen krank ist, hebt es den Kopf und schaut ganz traurig. Sobald die Kinder singen „Häschen, hüpf ...", springt das Häschen schnell auf, hüpft los und versucht, eines der anderen Kinder zu erhaschen. Die dürfen erst aufspringen, wenn das Häschen aus seiner „Grube" kommt. Wird ein Kind gefangen, ist es das neue Häschen, bekommt die Ohren und setzt sich in die „Grube".

Für alle, die den Liedtext noch nicht kennen:
Häschen in der Grube,
saß und schlief, saß und schlief.
Armes Häschen, bist du krank,
dass du nicht mehr hüpfen kannst?
Häschen, hüpf! Häschen, hüpf!
Häschen, hüpf!

Lockt das Häschen aus seiner Grube – aber aufgepasst, dass es euch nicht fängt!

Jagen und sammeln

Sammelt möglichst viele Wäscheklammern, ohne dabei die eigenen zu verlieren.

Das Spiel:

- *ab sechs Jahren*
- *drei bis 15*
- *je nach Anzahl der Mitspieler etwa zehn Minuten, bei mehreren Kindern sollte die Spielzeit begrenzt werden*
- *draußen*
- *zwei Wäscheklammern für jedes Kind*

So wird gespielt:

Bevor das Spiel beginnt, befestigt jedes Kind seine beiden Wäscheklammern an der Kleidung.
Am besten eines am Oberkörper, z.B. am Ärmel, die andere an der Hose.
Dann werden kleine Gruppen zu jeweils drei bis vier Kindern gebildet. Diese Gruppen verteilen sich über die Spielfläche, die Gruppenmitglieder setzen sich mit den Rücken zueinander hin. Ein Kind gibt dann das Kommando „Auf geht's zur fröhlichen Jagd" und alle Kinder springen auf. Jedes versucht nun, bei den anderen Kindern eine Wäscheklammer zu erhaschen. Dabei müssen die erbeuteten Klammern an der Kleidung befestigt werden.
Verboten ist, einem Kind hintereinander beide Klammern abzunehmen. Gleichzeitig muss man aber auch darauf achten, seine eigenen Klammern zu beschützen.
Das Kind, das keine Wäscheklammern mehr an der Kleidung hat, scheidet aus. Gewonnen hat das Kind, das nach Ablauf der Zeit die meisten Klammern gesammelt hat.

Räuber und Prinzessin

Das Spiel:

- *ab sechs Jahren*
- *sechs bis zehn Kinder*
- *fünf bis zehn Minuten*
- *draußen*
- *keines*

Wer es als Prinzessin schafft, den Räubern zu entkommen, wird zur neuen Königin gekrönt.

So wird gespielt:

Zuerst wird ein Bereich, z.B. eine auf den Boden gelegte Decke oder ein kleiner Kreis um einen Baum herum, als „Freizone" bestimmt. Warum das so sein soll, darauf kommen wir gleich noch.
Die Gruppe wird zunächst in Räuber und Prinzessinnen aufgeteilt. Achtet aber darauf, dass es mehr Prinzessinnen als Räuber sind. Bei sechs Kindern also zum Beispiel vier Prinzessinnen und zwei Räuber. Oder bei zehn Kindern sieben Prinzessinnen und drei Räuber.
Das Spiel beginnt damit, dass die Räuber die Prinzessinnen jagen und „abschlagen", also z.B. an der Schulter oder am Arm berühren

müssen. Die so abgeschlagenen Prinzessinnen scheiden aus – oder schließen sich den Räubern an. Eine Prinzessin, die sich in die „Freizone" rettet, darf von den Räubern nicht „abgeschlagen" werden. Allerdings darf die Prinzessin nicht beliebig lange in der „Freizone" bleiben, höchstens 10 oder 15 Sekunden. Die Räuber dürfen sich der Prinzessin in der „Freizone" aber nur bis auf drei, vier Meter nähern. Hat sich die Prinzessin etwas erholt, muss sie die „Freizone" wieder verlassen und die Jagd geht weiter.
Ist nur noch eine Prinzessin übrig, wird sie zur neuen „Königin" gekrönt. Sie darf sich in der nächsten Runde zweimal abschlagen lassen – bevor sie dann ausscheidet oder zum Räuber wird.

Die Symbole

🍀 = *Alter*
🧸 = *Mitspieler*
⚽ = *Dauer*
🌙 = *Ort*
✴ = *Material*

Ringlein auf Wanderschaft

Das Spiel:

🍀 *ab fünf Jahren*
🧸 *ab fünf Kinder*
⚽ *etwa zehn Minuten*
🌙 *drinnen*
✴ *ein kleiner Gegenstand, der sich gut in einer Kinderhand verbergen lässt*

So wird gespielt:

Die Kinder sitzen im Kreis, eines wird ausgewählt und steht in der Mitte. Die Kinder haben einen Ring, ein Geldstück oder einen anderen kleinen Gegenstand, den sie möglichst unauffällig von einem Kind zum anderen weitergehen lassen. Wenn das Kind in der Mitte herausfindet, welches Kind den Gegenstand gerade hat, darf es in den Kreis und das andere Kind kommt in die Mitte.

Dabei singen die Kinder oder sagen den Vers auf, wenn die Melodie nicht bekannt ist:

Ringlein, Ringlein,
Du musst wandern,
Von dem einen Kind zum andern.
Das ist fein,
Das ist schön,
Lasst das Ringlein nur
Nicht seh'n.

Am Ende des Verses muss das ausgewählte Kind dann sagen, bei wem es das wandernde Ringlein vermutet.

Hier ist Geschicklichkeit gefragt, denn still und heimlich muss das „Ringlein" weitergegeben werden.

Schwarzer Peter

Vorsicht, der Schwarze Peter kommt und versucht, euch zu fangen. Passst gut auf, was er vorhat. Dann könnt ihr ihm entkommen!

Das Spiel:

- *ab fünf Jahren*
- *zehn und mehr Kinder*
- *drei Minuten*
- *draußen*
- *keines*

So wird gespielt:

Ein Spielfeld wird abgesteckt, anschließend das älteste Kind zum Schwarzen Peter bestimmt. Der Schwarze Peter stellt sich nun an das eine Ende des Spielfeldes, alle anderen Kinder versammeln sich am anderen Ende. Der Schwarze Peter breitet seine Arme zur Seite aus und ruft: „Eins, zwei, drei! Ich komme!" Dann läuft er los, den Kindern entgegen und versucht, eines der Kinder abzuklatschen, z.B. indem er es an der Schulter berührt. Die anderen Kinder müssen versuchen, dem Schwarzen Peter auszuweichen. Dabei dürfen sie aber nur nach vorne laufen und zur Seite ausweichen. Für den Schwarzen Peter gilt: Er darf ebenfalls nur nach vorne und auf die Seite laufen. Ein flüchtendes Kind verfolgen darf er nicht. Das erste Kind, das der Schwarze Peter gefangen hat, ist der neue Schwarze Peter. Der stellt sich nun wieder auf eine Seite des Spielfeldes und das Spiel beginnt von neuem.

Umzugsrennen

Das Spiel:

ab fünf Jahren
ab sechs Kinder
etwa zehn Minuten
draußen
alte Kleider und Gummistiefel von Erwachsenen

So wird gespielt:

Als Erstes bilden die Kinder zwei Mannschaften. Jede Mannschaft erhält ein paar Stiefel für Erwachsene (am besten geeignet sind Gummistiefel). Pro Mannschaft gibt es eine Jacke und eine Hose für Erwachsene. Danach wird die Laufstrecke festgelegt, am besten mit einem Umkehrpunkt, um den jedes Kind herumlaufen und dann zur Start-/Ziellinie zurückkehrt. Dann überlegt sich jede Mannschaft, in welcher Reihenfolge gelaufen werden soll. Das Kind, das anfängt, zieht dann die Sachen an und stellt sich an die Startlinie.

Dann geht es los und beide Kinder versuchen, so schnell wie möglich die Strecke zu laufen. Zurück im Ziel, müssen sie schnell alle Erwachsenensachen wieder ausziehen. Das nächste Kind ist jetzt dran. Es zieht die Sachen wieder an und läuft. Gewonnen hat am Ende die Mannschaft, bei der das letzte Kind zuerst durchs Ziel geht.
Wer mag, kann auch noch kleine Hindernisse einbauen. Zum Beispiel unter einer Bank durchkriechen, über einen kleinen Eimer springen, einmal um einen Baum herumlaufen.

Die Symbole

= *Alter*
= *Mitspieler*
= *Dauer*
= *Ort*
= *Material*

Flink laufen und sich schnell umziehen. Klingt ganz einfach, wenn die Kleider nicht viel zu groß wären.

Wer hat den Plumpsack?

Das Spiel:

- *ab fünf Jahren*
- *sechs bis zwölf Kinder*
- *etwa zehn Minuten*
- *draußen oder drinnen*
- *Legt bei einem Taschentuch alle vier Ecken zusammen und verknotet die Spitzen locker miteinander; das ist euer „Plumpsack". Um ihn etwas schwerer zu machen, könnt ihr zwei oder drei Walnüsse hineinlegen.*

Dieser alte Kinderspieleklassiker hat bis heute nichts von seiner Faszination verloren und schenkt allen mitspielenden Kindern viel Spaß und gute Laune.

So wird gespielt:

Bei diesem Spiel gibt es viele Varianten. Hier eine klassische und eine, wenn man drinnen spielen muss und nicht viel Platz hat. Die Kinder sitzen im Kreis, legen ihre Hände auf den Rücken und drehen die Handflächen nach oben. Ein Kind bekommt den Plumpsack, also das vorher zusammengeknotete Taschentuch und geht außen im Kreis herum. Dabei sagt das Kind den Vers „Dreh dich nicht um, denn der Plumpsack geht um. Wer sich umdreht oder lacht …" auf.
Dann lässt es das Taschentuch einem der Kinder in die Hände fallen. Dies muss nun schnell aufspringen und hinter dem Kind herlaufen. Dies versucht inzwischen, indem es den Kinderkreis umrundet, auf den freien Platz seines Verfolgers zu kommen. Gelingt ihm dies, ist das Kind mit dem Taschentuch der neue „Plumpsack". Wird der „Plumpsack" aber von seinem Verfolger gefangen, bekommt dieser das Taschentuch zurück, das andere Kind darf sich wieder auf seinen Platz setzen und der „Plumpsack" muss sein Glück bei einem der anderen Kinder versuchen.

Variante bei wenig Platz:

Ist das Wetter draußen schlecht und ihr müsst in der Wohnung spielen, kniet sich ein Kind zunächst in die Mitte. Eines der anderen Kinder bekommt das Taschentuch und bildet zusammen mit den anderen einen Kreis. Die Kinder sollten möglichst dicht beieinander sitzen, denn hinter ihren Rücken geben sie den „Plumpsack" herum. Das Kind in der Mitte muss dabei versuchen herauszufinden, wo der „Plumpsack" gerade ist. Wenn es meint, dies zu wissen, ruft es schnell „Stopp" und das Kind, das den „Plumpsack" gerade hat, darf ihn nicht mehr weitergeben. Dann zeigt das Kind in der Mitte auf das Kind, von dem es glaubt, dass es den „Plumpsack" hat. Dieses muss nun beide Hände nach vorne in die Mitte strecken. Hat es den „Plumpsack", darf das Kind aus der Mitte in den Kreis. Hat das Kind falsch geraten, muss es noch einmal versuchen herauszufinden, wo der „Plumpsack" steckt.

Zweimal erwischt – und du bist raus

Das Spiel:

ab sechs Jahren
vier bis 15 Kinder
nach Lust und Laune
draußen
keines

So wird gespielt:

Bevor das Spiel beginnt, wird ein Spielfeld festgelegt. Entweder wird es mit Kreidestrichen auf den Asphalt gezeichnet, oder größere Gegenstände wie Schulranzen, in die Erde gesteckte Stöcke, Kissen oder Ähnliches markieren die Ecken des Feldes. Danach bestimmt das jüngste Kind den Jäger. Der stellt sich außerhalb des Spielfelds auf, während die anderen Kinder sich innerhalb des Feldes sammeln. Dann umkreist der Jäger das Spielfeld und versucht, die Kinder zusammenzutreiben. In einem günstigen Moment rennt dann der Jäger aufs Spielfeld und versucht, eines der Kinder abzuklatschen. Dort, wo der Jäger das Kind berührt, also z.B. am Arm, am Bein oder auf dem Rücken, auf diese Stelle muss das Kind eine Hand legen. Nun ist es „krank". Ist der Jäger geschickt, versucht er, das Kind am Unterschenkel oder am Fuß zu berühren. Dadurch kann das getroffene Kind dann nur noch langsam laufen, die Flucht vor dem Jäger wird also schwieriger. Nachdem der Jäger ein Kind erwischt hat, geht er wieder aus der Spielfläche heraus und das Spiel beginnt von neuem. Dabei darf der Jäger aber das Kind, das er gerade berührt hat, nicht noch einmal jagen, sondern muss erst ein anderes abklatschen.
Wird ein Kind, das bereits einmal vom Jäger berührt wurde, ein weiteres Mal berührt, scheidet es aus. Das letzte Kind, das schließlich übrig bleibt, hat gewonnen – und darf in der nächsten Runde den Jäger spielen.

Die Symbole
= *Alter*
= *Mitspieler*
= *Dauer*
= *Ort*
= *Material*

Mit Geschick dem Jäger ausweichen und sich bloß nicht zum zweiten Mal berühren lassen!

Hühnerjagd

Das Spiel:

Wie schnell gelingt es den Falken, die Hühner zu erwischen?

- *ab vier Jahren*
- *ab sechs Kinder*
- *etwa drei Minuten pro Runde*
- *draußen*
- *keines*

So wird gespielt:

Zuerst wird eine Spielfläche von etwa zehn mal zehn Metern abgesteckt. Dann werden zwei Falken bestimmt. Sie stellen sich außerhalb der Spielfläche auf. Die restlichen Kinder sind die „Hühner" und sie verteilen sich auf der Spielfläche. Die beiden Falken dürfen nun von außen durch die Spielfläche laufen, immer von einer Seite auf die andere. Dabei breiten sie ihre Arme aus und versuchen, die Hühner zu berühren. Jedes berührte Huhn muss sich dann sofort hinhocken und ist in dieser Runde ausgeschieden.

Das Spiel kann nun so lange gespielt werden, bis die Falken alle Hühner erwischt haben.

Weil das aber unter Umständen zu lange dauern kann, sollte die Zeit gestoppt werden, in der die beiden Falken zum Beispiel drei oder fünf Hühner fangen können. Dann ist ein neues Falken-Paar dran. Gewonnen hat dann zum Schluss das Paar, das in der kürzesten Zeit die vorgegebene Zahl an Hühner gefangen hat.

Das Bärenspiel

Das Spiel:

Wer kann den schlecht gelaunten Bären in der Mitte so ärgern, dass er nicht gefangen wird?

- *ab vier Jahren*
- *ab vier Kinder*
- *drei bis fünf Minuten*
- *draußen*
- *ein niedriger Stuhl, flacher Schemel*

So wird gespielt:

Ein Kind wird als „Bär" ausgewählt. Es geht in die Mitte und setzt sich auf den Stuhl. Dort darf es jetzt so tun, als sei es ein schlecht gelaunter Bär. Die anderen Kinder stehen außer Reichweite um den Bären herum und versuchen, an den Bären heranzukommen und ihn zu berühren, ohne dass der Bär sie erwischt. Wenn der Bär geschickt ist, lässt er sich die Neckereien erst einmal gefallen, bis die Kinder immer mutiger – und unvorsichtiger werden. Dann schnappt der Bär schnell zu und greift sich eines der Kinder. Jetzt ist der Bär „frei" und darf zu den anderen Kindern. Das gefangene Kind jedoch muss nun den Part des Bären übernehmen und auf dem Stuhl in der Mitte Platz nehmen.

Fang das letzte Paar

Lasst euch nicht vom „Böckchen" erhaschen!

Das Spiel:

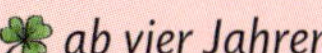

ab vier Jahren
ab acht Kinder
zwei bis drei Minuten
draußen
keines

So wird gespielt:

Alle Kinder stellen sich paarweise nebeneinander auf und halten sich an den Händen. Vorne, an die Spitze, stellt sich das „Böckchen". Dieses ruft nun „Eins, zwei drei, das letzte Paar vorbei." Daraufhin muss das letzte Kinderpaar sich loslassen und an den anderen Kindern vorbei nach vorne laufen. Das „Böckchen" versucht nun, eines der Kinder zu erwischen, wobei es jedoch nicht zurücklaufen oder sich umdrehen darf.
Gelingt es den beiden Kindern, am „Böckchen" vorbeizukommen und sich wieder einander an den Händen zu fassen, muss es das „Böckchen" noch einmal versuchen. Gelingt es ihm jedoch, eines der Kinder zu erhaschen, ist das „Böckchen" frei. Das gefangene Kind ist nun das „Böckchen" und sein Vorgänger darf mit dem freien Kind ein neues Paar bilden – und sich vor dem „Böckchen" aufstellen. Dann beginnt das Spiel wieder von vorne.

Die Symbole

= *Alter*
= *Mitspieler*
= *Dauer*
= *Ort*
= *Material*

Piratengold

Wer ist geschickt genug, dem Piraten etwas von seinem Schatz zu stehlen?

Das Spiel:

ab sechs Jahren
ab zehn Kinder
fünf bis zehn Minuten
draußen
ein großes Tuch, kleine Gegenstände wie Tücher, größere Bauklötze, kleine Bälle

So wird gespielt:

Sucht euch als Erstes eine etwas größere, freie Fläche. In die Mitte legt ihr das große Tuch, darauf kommen alle Gegenstände. Dies ist der Piratenschatz.
Anschließend wird ein Kind als Pirat ausgewählt. Seine Aufgabe ist es, den Schatz gegen die Kinder zu verteidigen. Die Kinder bilden nun zwei Gruppen und stellen sich auf zwei gegenüberliegenden Seiten auf.
Abwechselnd darf nun aus jeder Gruppe ein Kind versuchen, etwas von dem Schatz zu erbeuten. Dabei darf es jedoch nicht vom Piraten erwischt werden. Passiert dies, scheidet das Kind für den Rest der Runde aus. Hat ein Kind etwas ergattert, läuft es zu seiner Gruppe zurück und ein Kind aus der anderen Gruppe ist dran.
Gewonnen hat am Ende die Gruppe, die mehr Schätze erbeutet hat.

Ball- und Wurfspiele

Sie rollen hierhin und dahin, hüpfen, springen davon. Bälle üben schon auf Kinder eine große Faszination aus. Kein Wunder also, dass viele Kinder Spiele mit Bällen lieben und sich immer wieder aufs Neue über die Herausforderung freuen, den Ball zu kontrollieren, ihn geschickt zu fangen und zu werfen.

Abwerfen

Das Spiel:

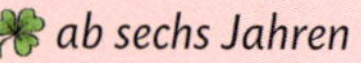

- *ab sechs Jahren*
- *ab vier Kinder*
- *zehn Minuten*
- *draußen*
- *ein Ball*

So wird gespielt:

Ein Spieler wird ausgewählt und bekommt den Ball. Dann stellen sich alle Kinder in einen Kreis um den ausgewählten Spieler auf. Dieser wirft den Ball in die Luft und ruft dabei den Namen eines Mitspielers. Während alle anderen davonlaufen, muss dieser nun möglichst schnell den Ball fangen und „Stopp!" rufen. Sobald er gerufen hat, müssen alle Kinder sofort stehen bleiben. Der Spieler, der den Ball hat, muss nun eines der anderen Kinder abwerfen. Die können versuchen, dem Ball auszuweichen, indem sie sich schnell bücken, dürfen sich aber nicht von der Stelle bewegen. Wird ein Kind getroffen, startet dieses die nächste Runde. Geht der Ball daneben, wird die Runde wiederholt.

Das Torwächter-Spiel

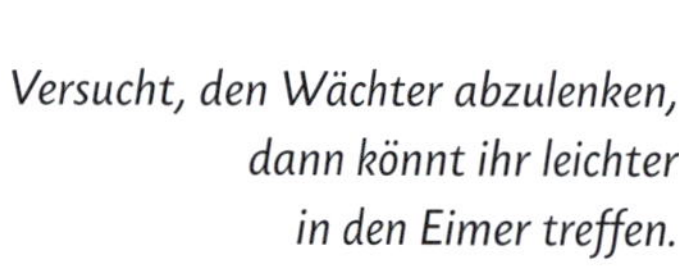

Versucht, den Wächter abzulenken, dann könnt ihr leichter in den Eimer treffen.

Das Spiel:

- *ab fünf Jahren*
- *ab fünf Kinder*
- *zehn Minuten pro Runde*
- *draußen*
- *ein großer Eimer, für jedes Kind ein Gummiball.*

So wird gespielt:

Zuerst wird auf den Boden ein Kreis mit einem Durchmesser von etwa anderthalb bis zwei Metern gezeichnet. In die Mitte wird dann der Eimer gestellt und ein Kind als Wächter ausgewählt. Das Kind darf innerhalb des Kreises herumlaufen und muss versuchen, den Eimer gegen die anderen Kinder zu verteidigen. Die

versuchen nämlich, ihren Ball in den Eimer zu werfen. Wenn ihnen das gelungen ist, dürfen sie den Kreis betreten und ihren Ball wieder zurückholen. Jedes Mal, wenn ein Kind seinen Ball in den Eimer geworfen hat, bekommt es einen Punkt. Wer zuerst zehn Punkte hat, gewinnt und darf der neue Wächter sein.
Bei vielen Kindern können auch zwei Mannschaften gebildet werden. Dann verteidigt die eine Mannschaft den Eimer und die andere versucht, einen Ball in den Eimer zu werfen. Ist das gelungen, wird gewechselt und die verteidigende Mannschaft bekommt die Bälle.

Ihr könnt es auch so spielen, dass beide Mannschaften einen Eimer bekommen. Dann müssen sich die Teams absprechen, wer den Eimer verteidigt und wer versucht, beim Gegner einen Punkt zu erzielen.

Freiluftkegeln

Das Spiel:

- ab sieben Jahren
- ab zwei Kinder
- etwa zehn Minuten
- draußen
- neun leere Plastikflaschen (1,5 l), ein Ball

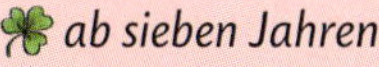

So wird gespielt:

Am besten solltet ihr Flaschen aus Plastik nehmen. Glasflaschen können schnell kaputtgehen, wenn sie umkippen. Da Plastikflaschen sehr leicht sind, solltet ihr als Erstes in jede etwas Sand füllen, ungefähr drei Fingerbreit. Ihr könnt aber auch Wasser nehmen, dann sollten die Flaschen etwa zu einem Viertel befüllt werden.

Stellt die Flaschen anfangs in einer Dreierreihe auf, dann geht ihr etwa sechs bis acht Meter zurück und legt dort eine gut erkennbare Markierung hin. Von der aus wird mit dem Ball auf die Flaschen geworfen. Jedes Kind ist dreimal hintereinander dran. Die bei jedem Wurf umgeschmissenen Flaschen müssen liegen bleiben. Schafft es ein Kind, mit dem ersten oder zweiten Wurf alle Flaschen umzuwerfen, werden die Flaschen wieder aufgestellt. Damit das Ganze spannend und abwechslungsreich ist, könnt ihr die Flaschen auch mal in einem anderen Muster aufstellen, zum Beispiel als ein Kreis, als Dreieck oder als Kreuz.

„Alle Neune" mit einem Wurf, das geht auch auf der selbstgebauten Kegelbahn im Garten. Alles, was ihr dafür braucht, sind ein paar Flaschen und ein Ball.

Jäger und Hasen

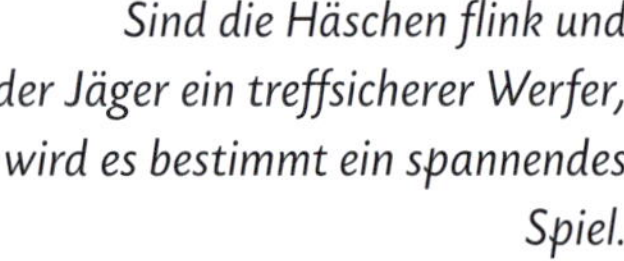

Sind die Häschen flink und der Jäger ein treffsicherer Werfer, wird es bestimmt ein spannendes Spiel.

Das Spiel:

- *ab sieben Jahren*
- *mindestens sechs Kinder*
- *zehn Minuten*
- *draußen*
- *Ball, etwas zum Markieren (z.B. Kreide)*

So wird gespielt:

Als Erstes wird die Spielfläche ausgesucht. Sie muss frei von Hindernissen und am besten etwa acht bis zwölf Meter groß sein. Die Fläche wird dann markiert. Auf Asphalt mit Straßenkreide; spielt ihr auf einem Rasen, nehmt Stöckchen zum in die Erde stecken, bei trockenem Wetter Kissen, Rucksäcke, nicht benötigte Pullover oder Ähnliches. Danach wird ein Jäger ausgewählt, der den Ball bekommt. Alle anderen Kinder sind die „Hasen" und gehen auf die Spielfläche, der Jäger muss draußen bleiben und darf die Grenze nicht übertreten. Der Jäger versucht nun, die Hasen abzuwerfen. Trifft er einen Hasen, muss dieser die Spielfläche verlassen. Er darf jetzt dem Jäger helfen, indem er ihm den Ball zuwirft. Selber auf die Hasen werfen darf er aber nicht. So bekommt der Jäger mit der Zeit, wenn er immer mehr Hasen abwirft, immer mehr Helfer. Bis schließlich nur noch ein Hase übrig bleibt. Dieses Kind hat die Runde gewonnen – und darf die nächste Runde als Jäger beginnen.

Müde, matt, marode

Dieses Spiel können auch ältere Kinder mit einem härteren Ball spielen. Für die Kleinen sollte es aber ein weicher Schaumstoffball sein. Der fliegt nicht so schnell und lässt sich leichter fangen.

Das Spiel:

- *ab vier Jahren*
- *ab vier Kinder*
- *etwa fünf bis zehn Minuten*
- *draußen*
- *ein Ball*

So wird gespielt:

Alle Kinder stellen sich in einen Kreis und werfen sich den Ball zu. Wer ihn beim ersten Mal nicht fängt, ist „müde". Beim zweiten Mal „matt" und beim dritten Mal „marode" – und scheidet aus. Ältere Kinder können auch mit mehr Stufen spielen. Die Reihenfolge könnte dann zum Beispiel gesund, müde, matt, marode, krank, todkrank, tot lauten.

Ringewerfen

Das Spiel:

ab fünf Jahren
ab fünf Kinder
etwa 20 Minuten
draußen
fünf Holzlatten (Baumarkt), Ringe, Papier, Stift

Die Symbole

= *Alter*
= *Mitspieler*
= *Dauer*
= *Ort*
= *Material*

So wird gespielt:

Die Latten sollten eine Länge von etwa 60 Zentimetern haben. Sie werden so in den Boden gesteckt, dass sie von oben aussehen wie eine Fünf auf einem Würfel. Die Latte, die in der Mitte steckt, ist der König. Wer einen (oder mehrere?) Ringe über diese Latte werfen kann, bekommt 30 Punkte. Wer es schafft, über die vorderen Latten einen Ring zu werfen, bekommt 10 Punkte; wer es bei einer der beiden hinteren Latten schafft, erhält 20 Punkte.
Jedes Kind hat drei Würfe, dann werden die Punkte zusammengezählt. Achtet darauf, dass die Latten weit genug auseinanderstehen. Die Entfernung, von wo geworfen wird, müsst ihr vielleicht ausprobieren, weil das auch immer davon abhängt, wie alt und wie geschickt die Mitspieler sind.

Wer den „König" trifft, bekommt die meisten Punkte.

Tratzball

Das Spiel:

ab fünf Jahren
mindestens drei Kinder
etwa zehn Minuten
draußen
ein Ball, für ältere Kinder auch ein Frisbee

So wird gespielt:

Wird es zu dritt gespielt, stellen sich zwei Spieler etwa acht bis zehn Meter voneinander entfernt auf, der dritte Spieler muss in die Mitte. Dann werfen sich die äußeren Spieler den Ball zu und der in der Mitte muss versuchen, den Ball zu erwischen. Gelingt ihm das, muss derjenige, der den Ball zuletzt geworfen hat, in die Mitte. Spielt ihr mit mehreren Kindern, können bei fünfen auch zwei in die Mitte oder bei sieben Kindern drei. Es sollten immer außen mehr sein als in der Mitte, sonst wird das Spiel sehr schwer. Als Variante könnt ihr auch ein Spielfeld abstecken. Verlässt dies einer der Spieler, muss er automatisch mit einem Spieler in der Mitte tauschen.

Tratzen bedeutet, jemanden necken oder ärgern. In diesem Fall ist das der Spieler in der Mitte. Doch wer nicht aufpasst, muss in die Mitte und wird dann selbst „getratzt".

Auf allen Vieren

Fußball mal ganz anders. Hier laufen die Spieler im Krabbelgang und der Ball wird mit der Hand gespielt.

Das Spiel:

- *ab sieben Jahren*
- *ab acht Kinder*
- *etwa 15 bis 20 Minuten*
- *draußen*
- *ein Fußball, zwei Tore (z.B. Tische)*

So wird gespielt:

Steckt ein kleines Spielfeld ab, stellt an zwei Enden kleine Tore auf, zum Beispiel mit kleinen Tischen oder steckt als Pfosten kleine Holzlatten in den Boden. Dann geht es los. Gespielt werden darf aber nur im Vierfüßlerstand und der Ball darf nur mit einer Hand gerollt werden. Achtet darauf, dass der Ball immer am Boden bleiben muss. Fliegt er oder wird er von einem Spieler geschlagen, gibt es einen Freistoß für die andere Mannschaft.

Brennball

Geschickt werfen und gut aufpassen. Dann ist es gar nicht so schwer, heil über die Runden zu kommen.

Das Spiel:

- *ab acht Jahren*
- *ab zehn bis zwölf Kinder*
- *30 Minuten*
- *draußen*
- *ein kleiner Ball, Markierungen für das Spielfeld, ein Korb oder Eimer*

So wird gespielt:

Zunächst wird ein großes Spielfeld festgelegt. An die vier Ecken wird jeweils eine gut sichtbare Markierung gelegt. Jede Markierung bekommt gegen den Uhrzeigersinn eine Zahl von eins bis vier. In die Mitte der Linie zwischen der „eins" und der „vier" wird der Korb gestellt. Dann werden zwei Mannschaften gebildet. Die eine Mannschaft verteilt sich auf dem Feld, während sich die andere Mannschaft an der „eins" sammelt. Das erste Kind darf nun den Ball ins Feld werfen und loslaufen bis zur Markierung „zwei". Die anderen Kinder versuchen, den Ball schnell zu fangen und ihn in den Korb zu werfen. Gelingt dies, bevor das laufende Kind der anderen Mannschaft die Markierung erreicht hat, ist der Ball „verbrannt" und das Kind muss wieder zurück und sich in seiner Mannschaft hinten anstellen. Dann ist das nächste Kind dran.

Jedes Mal, wenn ein Kind eine Markierung erreicht, bekommt die Mannschaft einen Punkt. Gelingt es dem Kind sogar, von der „eins" bis zur „vier" ohne Unterbrechung durchzulaufen, gibt es vier Punkte.

Gewonnen hat am Ende die Mannschaft mit den meisten Punkten.

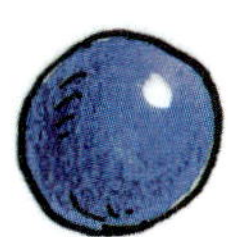

Ballspione

Das Spiel:

- *ab acht Jahren*
- *zehn Kinder und mehr*
- *etwa fünf Minuten*
- *draußen*
- *ein Spielball*

So wird gespielt:

Als Erstes wird ein Spielfeld in der Größe von etwa 20 x 10 Metern festgelegt und in der Mitte geteilt. Dann werden zwei Mannschaften gewählt und jede Mannschaft versammelt sich in einer Spielhälfte. Dann bestimmt jede Mannschaft einen „Spion" und schickt ihn in die Hälfte der gegnerischen Mannschaft. Das Ziel ist es nun, den Ball so zu werfen, dass ihn der „Spion" in der anderen Hälfte fangen kann. Die andere Mannschaft, versucht das aber zu verhindern. Kann der „Spion" den Ball fangen, darf der Spieler, der geworfen hat, ebenfalls in das andere Feld. Die Mannschaft hat gewonnen, bei der zuerst alle Spieler in die gegnerische Hälfte wechseln konnten.

Welcher Mannschaft gelingt es als erster, das Spielfeld zu wechseln?

Ball durch den Tunnel

Das Spiel:

- *ab vier Jahren*
- *ab zehn Kinder*
- *drei bis fünf Minuten*
- *draußen*
- *zwei Bälle*

So wird gespielt:

Als Erstes werden zwei etwa gleich starke Mannschaften gewählt. Dann stellen sich die Mannschaften nebeneinander auf, achten dabei aber darauf, etwa ein bis zwei Meter Platz zwischen sich zu lassen. Anschließend stellen sich alle Spieler hintereinander und lassen dabei einen Abstand von einer Armlänge zum Vordermann. Dann spreizen alle die Beine und auf das Startsignal rollt das erste Kind in jeder Reihe den Ball durch die Beine zum Hintermann. Hat das letzte Kind in der Reihe den Ball, läuft es so schnell es geht an die Spitze der Reihe und rollt den Ball wieder zum Hintermann. So geht es immer weiter, bis das am Anfang letzte Kind in der Reihe ganz vorne steht. Die Mannschaft, der dies zuerst gelingt, hat das Spiel gewonnen.

Variante:

Ihr könnt es aber auch so spielen, dass jedes Kind drei- oder viermal laufen muss, oder es wird vorher eine Strecke mit einer Ziellinie bestimmt. Dann gewinnt die Mannschaft, bei der ein Mitspieler zuerst über die Ziellinie kommt.

Bei diesem Spiel sind Teamarbeit, geschicktes Rollen und schnelles Laufen gefragt.

Geländespiele

Die Natur erkunden, Wälder erforschen, immer wieder Neues entdecken. Sobald die Kinder etwas größer werden, wollen sie ihren Forscher- und Entdeckerdrang ausleben.

Schnitzeljagd

Andere jagen, sich verstecken, falsche Fährten legen, solche Spiele machen allen Kindern Spaß.

Das Spiel:

- *ab acht Jahren*
- *ab zehn Kinder*
- *etwa 60 Minuten*
- *Wald*
- *Kreide zum Markieren, Stoffreste, große Papierpfeile, Steine, Bänder*

So wird gespielt:

Zuerst werden die Kinder in zwei Gruppen aufgeteilt. Die eine Gruppe geht los und legt unterwegs Spuren aus. Wenn die erste Gruppe einen guten Vorsprung hat, darf die zweite Gruppe losgehen. Sie muss nun versuchen, die erste Gruppe anhand der ausgelegten Spuren zu verfolgen.

Aber Vorsicht, die erste Gruppe darf auch falsche Fährten auslegen.

Noch spannender wird es, wenn die erste Gruppe für ihre Verfolger auf kleinen Kärtchen Aufgaben notiert und diese bei den ausgelegten Spuren zurücklässt. Zum Beispiel soll dann an einem bestimmten Punkt herausgefunden werden, wie der höchste Baum aussieht. Seine Silhouette wird dann, zumindest grob, auf das Kärtchen gemalt. Oder es wird gefragt, was auf bestimmten Wegweisern und Schildern steht. Wichtig bei diesem Spiel ist, dass sich bei jeder Gruppe ein Jugendlicher oder Erwachsener befindet, der sich in der Gegend auskennt.

Spielen nicht so viele Kinder mit, kann die Schnitzeljagd auch so organisiert werden, dass ein Erwachsener gejagt wird. Dazu kann man dann auch ein Zeitlimit ausmachen, zum Beispiel dass der Gejagte innerhalb einer Stunde gefunden werden muss.

Eine Variante:

Eine weitere Variante, die etwas Vorbereitung erfordert:

Ein Erwachsener bereitet einen Schatz vor und versteckt ihn im Wald. Vom Treffpunkt aus legt er nun Spuren und die Kinder ziehen gemeinsam los, halten nach Spuren und Hinweisen Ausschau, um am Ende den Schatz zu finden. Der natürlich anschließend gerecht durch alle Mitspieler geteilt wird.

Auf drei Beinen laufen

Das Spiel:

ab sieben Jahren
sechs Kinder
etwa fünf bis zehn Minuten
draußen
Tücher oder Stricke, um die Beine zusammenzubinden

So wird gespielt:

Immer zwei Kinder bilden ein Paar. Um es etwas einfacher zu machen, sollten sie in etwa gleich groß sein. Die Kinder stellen sich dann nebeneinander. Das – von vorn aus betrachtet – rechte Kind bindet sein rechtes Bein mit dem linken Bein seines Partners am Oberschenkel oberhalb des Knies schön fest zusammen. Anschließend müssen sie versuchen, möglichst schnell eine vorher festgelegte Strecke zu bewältigen. In den Parcours können natürlich nach Lust und Laune kleine Schwierigkeiten eingebaut werden. Zum Beispiel muss man über eine niedrig gespannte Leine hüpfen oder darunter hindurchkriechen, über eine flache Wanne mit Wasser springen, über ein Hindernis klettern und noch vieles mehr. Wer als Erster ins Ziel kommt, hat gewonnen. Fällt das Paar unterwegs hin oder geht das Tuch ab, müssen beide zurück an den Start und es noch einmal versuchen.

Eine Variante:

Statt zu zweit kann man es auch solo machen. Dazu klemmt sich das Kind eine Zeitung zwischen die Knie und versucht nun, möglichst schnell laufend oder hüpfend eine vorbereitete Strecke zurückzulegen. Geht die Zeitung unterwegs verloren, heißt es jedoch: zurück zum Start und noch einmal versuchen!

Die Symbole

= *Alter*
= *Mitspieler*
= *Dauer*
= *Ort*
= *Material*

Gutes Gleichgewichtsgefühl, Abstimmung bei der Bewegung und Schnelligkeit: Das zeichnet echte Könner im Dreibeinlaufen aus.

Bäumchen wechsel dich!

Flink sein und gut aufpassen. Hier können schon die Kleineren gut mitspielen.

Das Spiel:

- *ab vier Jahren*
- *ab vier Kinder*
- *fünf Minuten*
- *draußen*
- *etwas zum Markieren, wie Kreide oder Seile*

So wird gespielt:

Zuerst wählt ihr eine Spielfläche aus und zeichnet Kreise auf, die etwa drei bis vier Meter auseinander liegen. Es muss aber immer ein Kreis weniger markiert werden als Kinder mitspielen. Dann stellt sich ein Kind in jeden Kreis und eines bleibt in der Mitte übrig. Wenn dieses Kind nun laut ruft „Bäumchen wechsel dich", müssen alle Kinder schnell aus ihrem Kreis herauslaufen und sich einen anderen suchen. Das ist die Chance für das Kind in der Mitte, sich einen Kreis zu suchen. Spielt ihr in einem Garten oder Park mit Bäumen, nehmt ihr statt der Kreise natürlich die Bäume. Die „besetzt" ihr dadurch, indem ihr sie mit der Hand berührt.

Staffellauf

Hier zählt Teamarbeit. Zusammen schnell laufen und das auch noch um Hindernisse herum ist gar nicht so einfach.

Das Spiel:

- *ab fünf Jahren*
- *ab acht Kinder*
- *zehn Minuten*
- *draußen*
- *Kreide, ein größerer Gegenstand (Karton, Ball) zum Markieren der Wendemarke*

So wird gespielt:

Auf den Boden wird eine Start-/Ziellinie gemalt und dann von dieser in einer Entfernung von etwa zehn Metern ein Gegenstand als Markierungsmal (z.B. ein Karton, ein Stuhl, ein Ball) hingelegt. Alle Kinder stellen sich hinter die Start-/Ziellinie und eines wird ausgewählt, das als erstes loslaufen muss.

Das Kind rennt um die Markierung wieder zur Start-/Ziellinie zurück und tippt eines der wartenden Kinder an. Die beiden halten sich an der Hand und laufen wieder bis zur Markierung und zurück. Dann tippt das zweite Kind ein drittes an, alle drei laufen wieder hin und zurück. So geht das immer weiter, bis alle Kinder eine „Kette" bilden und einmal bis zur Markierung hin und wieder zurücklaufen.

Bei vielen Kindern können auch zwei Gruppen gebildet werden, die dann um die Wette laufen.

Bilderrätsel

Das Spiel:

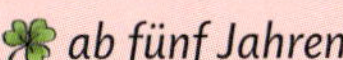

ab fünf Jahren
so viel Kinder wie da sind
fünf Minuten
draußen
vier dünne Stöcke oder Zweige mit einer Länge von jeweils etwa einem Meter

So wird gespielt:

Als Erstes suchen die Kinder vier etwa gleich lange dünne Zweige oder Stöcke. Ein älteres Kind wird als Spielleiter ausgewählt und sucht sich nun ein Stück Waldboden, auf den es die vier Zweige im Viereck, wie einen Bilderrahmen, hinlegt.
Dann dürfen alle Kinder sich das Waldboden-Bild anschauen. Nach 30 Sekunden müssen sich die Kinder umdrehen und das Spielleiter-Kind darf jetzt etwas verändern. Zum Beispiel etwas wegnehmen oder etwas hinzufügen. Wenn es fertig ist, dürfen sich die Kinder wieder umdrehen und auf das Bild schauen. Wer als erstes herausgefunden hat, was sich verändert hat, darf in der nächsten Runde den Spielleiter geben und selbst etwas am Bild verändern.
Ihr könnt dieses Spiel auch mit Steinen spielen. Dazu legt ihr 16 Steine im Quadrat (4x4) aus. Alle Kinder dürfen sich nun die Steine anschauen. Dann wird ein Kind ausgewählt. Während alle anderen sich umdrehen müssen, dreht dieses Kind zwei Steine um. Dann sagt es „Fertig", die anderen dürfen sich wieder umdrehen und müssen nun herausfinden, welche beiden Steine umgedreht wurden.

Die Symbole

= Alter
= Mitspieler
= Dauer
= Ort
= Material

Bleibt ihr stehen und schaut genauer hin, seht ihr schnell, wie abwechslungsreich der Waldboden sein kann.

Ameisen erraten

Das Spiel:

ab acht Jahren
ab vier Kinder
zwei Minuten
draußen, im Wald
Augenbinde

So wird gespielt:

Ameisen erkennen sich am Geruch. Aber können Kinder das auch? Zuerst werden einem Kind die Augen verbunden, dann darf es einen seiner Freunde betasten, an ihm schnuppern und seinen Namen raten. Anschließend darf es die Augenbinde abnehmen und nachschauen, ob es den richtigen herausgefunden hat. Um es leichter zu machen, dürfen sich alle Kinder vorher einmal beschnüffeln.

Keine Angst, hier müsst ihr nicht wirklich Ameisen suchen, sondern eure Freunde am Geruch erkennen.

Das, was ich sehe, hat…

Dieses Spiel ist eine Variante von „Ich sehe was, was du nicht siehst“ (s. Seite 78). Allerdings beschreibt ein Kind, was es sieht. Aber auch nicht zu genau, damit die anderen länger suchen müssen.

Das Spiel:

ab fünf Jahren
ab drei Kinder
drei Minuten
draußen
keines

So wird gespielt:

Alle Kinder stehen oder sitzen im Kreis. Ein Kind wird ausgewählt. Es schaut sich nach einem interessanten Objekt um und fängt dann an, ihn zu beschreiben. Es kann zum Beispiel ein Baum sein. Allerdings verrät das Kind nicht direkt, dass es ein Baum ist, sondern beschreibt ihn so fantasievoll wie möglich. Wie die Blätter aussehen, welche Farbe sie haben, wie die Äste und Zweige gewachsen sind, welche Farbe die Rinde hat, was um den Baum herum ist. Das Kind, das als erstes herausfindet, welcher Baum gesucht wird, ist als nächstes an der Reihe.
Übrigens: Es muss natürlich nicht jedes Mal ein Baum sein, ihr könnt euch auch etwas anderes aussuchen wie zum Beispiel einen besonderen Stein, Wegweiser, eine Schutzhütte …

Der General schickt seine Soldaten

Hier ist etwas Geschick und Taktik gefragt. Denn wer dem gegnerischen General alle Soldaten abnehmen kann, der hat gewonnen.

Das Spiel:

ab acht Jahren
zehn und mehr Kinder
je nach Anzahl der Mitspieler zehn Minuten oder länger
draußen, Sporthalle
keines

So wird gespielt:

Zuerst werden zwei Generale bestimmt, die dann abwechselnd ihre Gruppenmitglieder wählen. Dann stellen sich beide Gruppen in einer Linie gegenüber auf. Der Abstand sollte etwa 15 bis 20 Meter betragen. Dabei stehen die Generale jeweils hinter ihrer Gruppe. Dann beginnt das Spiel: Der General, der als zweiter Wähler dran war, darf beginnen. Dazu bestimmt er eines seiner Gruppenmitglieder und sagt: „Der General schickt seine Soldaten aus und er schickt Stefan.“
Stefan läuft hinüber zu der anderen Gruppe. Hier halten alle Kinder ihre rechte Hand in die Höhe. Stefan muss nun nacheinander drei Kinder abklatschen. Sobald er das dritte Kind abklatscht, muss er schnell zurück zu seiner eigenen Gruppe laufen und das zuletzt abgeklatschte Kind verfolgt ihn. Erreicht das abgeklatschte Kind Stefan, bevor er bei seiner Gruppe ist, muss sich Stefan der anderen Gruppe anschließen. Ansonsten gehört das

abgeklatschte Kind dann zu Stefans Gruppe.
Anschließend ist das andere Team dran. Das Spiel geht so lange hin und her, bis eine der Gruppen keine Soldaten mehr hat. Selbstverständlich kann sich der General auch selbst entsenden. Wird er dabei jedoch gefangen, ist das Spiel sofort verloren, egal, wie viele Soldaten er noch hat. Sind in einer Gruppe nur noch drei oder weniger Spieler, wird nur noch ein Spieler abgeklatscht.

Die blinde Kuhherde

Das Spiel:

- *ab sechs Jahren*
- *fünf bis zehn Kinder*
- *fünf bis zehn Minuten*
- *draußen oder drinnen*
- *Tücher zum Augenverbinden, eine Glocke*

Bei dieser Spielvariante der "blinden Kuh" ist es anders herum: Hier sind alle Kühe „blind" – und der Kuhhirte muss sich möglichst unauffällig durchschleichen.

So wird gespielt:

Als Erstes wählt ihr einen „Kuhhirten" aus und gebt ihm die Glocke. Anschließend verteilen sich alle Kinder und verbinden sich die Augen. Wenn ihr drinnen spielen dürft, solltet ihr zunächst alle Hindernisse aus dem Weg räumen, damit niemand hinfällt oder sich stößt. Spielt ihr draußen, solltet ihr eine freie Fläche markieren. Achtet aber darauf, dass die Fläche nicht zu groß ist.
Aufgabe der „blinden Kühe" ist es nun, den „Kuhhirten" zu erwischen, während er still zwischen den Kühen herumgeht. Ab und zu muss der „Kuhhirte" aber mit seiner Glocke ein Zeichen geben, damit die „blinden Kühe" sich orientieren und versuchen, den „Kuhhirten" zu fangen. Der Kuh, der dies gelingt, darf die Augenbinde abnehmen und bekommt die Glocke. Dafür muss der geschnappte „Kuhhirte" die Rolle der „blinden Kuh" übernehmen.

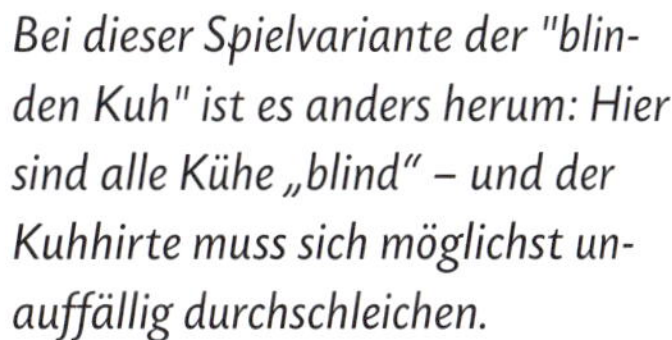

Die blinden Hüpfer

Mit geschlossenen Augen auf einem Bein hüpfen, das ist gar nicht so einfach. Noch schwieriger ist es, so hüpfend einen Partner zu finden.

Das Spiel:

- *ab fünf Jahren*
- *ab sechs Kinder*
- *fünf Minuten*
- *draußen*
- *keines*

So wird gespielt:

Auf einer größeren, möglichst freien Fläche hüpfen alle Kinder auf einem Bein. Dabei kneifen sie fest die Augen zusammen. Berühren sich zwei Kinder, dürfen sie kurz die Augen aufmachen und sich einen „Guten Tag" wünschen.

Dann fassen sie sich an den Händen, kneifen die Augen wieder fest zu und hüpfen jetzt zu zweit weiter. Berühren die beiden einen weiteren Spieler oder berührt ein anderer sie, wünschen sich alle wieder einen „Guten Tag" und hüpfen dann zu dritt weiter. Das Spiel geht so lange weiter, bis alle Kinder sich berührt haben.

Fechten wie ein Musketier

Bei dieser Fechtart müssen ihr bedacht zu Werke gehen. Sonst liegt der Ball schnell auf dem Boden.

Das Spiel:

- *ab sechs Jahren*
- *ab drei Kinder*
- *fünf bis zehn Minuten*
- *draußen*
- *Kochlöffel, Ball*

So wird gespielt:

Dieses Duell wird natürlich nicht mit richtigen Degen ausgetragen, das wäre viel zu gefährlich.

Dazu treten immer zwei Kinder gegeneinander an. Jedes bekommt Holzlöffel. Um das ganze jetzt aber schwieriger zu machen, muss jedes Kind auf einem Löffel einen Ball, ein Ei oder einen Tischtennisball balancieren, während mit dem anderen Löffel gefochten wird. Dabei kommt es jedoch nicht darauf an, möglichst fest zuzuhauen, sondern durch geschickte Bewegungen den Gegner dazu zu bringen, dass ihm der Ball vom Löffel fällt.

Wem das passiert, der hat das Duell verloren – und die nächsten Kinder sind dran.

Geht das zu schnell, kann jedes Duell auch als „Best of three" gespielt werden. Das bedeutet: Bei wem zweimal der Ball heruntergefallen ist, der hat verloren.

Himmel und Hölle

Das Spiel:

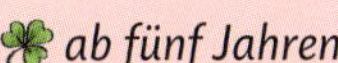

ab fünf Jahren
ab vier Kinder

etwa 20 Minuten
draußen
Kreide

So wird gespielt:

Am besten auf Asphalt oder Pflastersteinen wird mit der Kreide das Feld gemalt und durchnummeriert. Ihr könnt aber auch ins erste Feld „Erde", in ein anderes „Hölle" und ins letzte „Himmel" schreiben. Probeweise darf vorab jedes Kind einmal von der „Erde" aus bis zum „Himmel" durchhüpfen. Als Fehler gilt, wer mit einem oder beiden Füßen auf eine Linie gerät, ein Feld auslässt oder gar in der „Hölle" landet. Der erste Durchgang ist normales Hüpfen mit beiden Füßen. In jedem weiteren Durchgang wird es dann immer schwieriger. Mit gekreuzten Beinen, abwechselnd auf einem Bein, mit verbundenen Augen, beim Hüpfen ein volles Glas Wasser balancieren, aus dem nichts verschüttet werden darf, rückwärts ... Wer dabei nicht aufpasst und danebenhüpft wird in die Hölle verbannt.

Variante:

Als Variante wird „Himmel und Hölle" auch gern mit einem Spiel- oder „Hickelstein" gespielt. Dabei wird der Hickelstein am Anfang in das erste Spielfeld gelegt. Von dort aus muss er dann mit dem Fuß ins nächste Feld geschnickert werden. Erst wenn das gelungen ist, darf weiter gehüpft werden. Wer das bis in den „Himmel" und wieder zurück schafft, darf dies im nächsten Durchgang zum Beispiel auf einem Fuß hüpfend versuchen. Zusätzlich kann über dem „Himmel" auch noch ein Postfeld eingezeichnet werden. Wenn der Stein in diesem Feld landet, darf nicht mehr geredet oder gelacht werden. Ganz klar, dass die Mitspieler nichts Besseres zu tun haben, als genau das zu erreichen.

Die Symbole

= Alter
= Mitspieler
= Dauer
= Ort
= Material

Wer hier himmelhoch hüpfend nicht aufpasst, landet ganz schnell in der Hölle.

Auf einem Bein hüpfen kann doch jeder. Aber hier muss man aufpassen, denn man darf nicht das Gleichgewicht verlieren – und Schubsen ist erlaubt!

Hüpfen und schubsen

Das Spiel:

- *ab sieben Jahren*
- *ab drei Kinder*
- *etwa fünf Minuten pro Runde*
- *drinnen*
- *keines*

So wird gespielt:

Alle Kinder stellen sich auf Kommando auf ein Bein und verschränken die Hände auf dem Rücken. Dann hüpfen sie herum und versuchen, sich gegenseitig so mit der Schulter zu schubsen, dass das andere Kind die Balance verliert und mit beiden Füßen gleichzeitig den Boden berührt. Achtet darauf, dass beim Hüpfen die Arme und Hände immer auf dem Rücken sind! Mit Ellenbogen oder den Händen schubsen ist nicht erlaubt. Wer mit beiden Füßen gleichzeitig den Boden berührt, scheidet aus. Gewinner ist, wer als Letzter noch auf einem Bein hüpft.

Für die schönsten Spiele braucht man manchmal nur ein Seil und ein wenig Fantasie.

Hüpfspaß für Könner

Das Spiel:

- *ab acht Jahren*
- *ab drei Kinder*
- *beliebig lange*
- *draußen*
- *ein Springseil*

So wird gespielt:

Alle Kinder dürfen der Reihe nach vorführen, wie gut sie seilhüpfen können. Das Seil an beiden Enden gut festhalten, in der Mitte mit beiden Füßen draufstellen, mit den Händen das Seil spannen, bis die Hände etwa in Taillenhöhe sind. Ist das Seil dann noch zu lang, kürzer greifen oder die überstehenden Enden um die Hände wickeln.
Dann die Füße vor das Seil stellen und das Seil von hinten über den Kopf schwingen. Sobald es kurz vor den Füßen ist, hüpfen und das Seil drunter durchflitzen lassen. Um besser im Takt zu bleiben, einen Zwischenhopser machen, während das Seil wieder geschwungen wird. Aber dran denken: Nur wenn das Seil unter den Füßen hindurchschwingt, wird dieser Hopser gezählt. Es zählt auch nicht, wenn das Seil am Fuß hängen bleibt.
Wer die meisten Hüpfer hintereinander schafft, ist Hüpf-König. Dann könnt ihr noch einmal spielen und jeder versucht, noch mehr Hüpfer hintereinander zu machen als beim letzten Mal. Wenn ihr schon besser seilspringen könnt, darf der Hüpf-König sich auch Zusatzaufgaben ausdenken. Zum Beispiel abwechselnd auf einem Bein hüpfen oder eine Rechenaufgabe im Kopf lösen, oder das ABC rückwärts aufsagen.

Kaiser, welche Fahne weht heute?

Das Spiel:

ab sechs Jahren
sechs bis 25 Kinder
fünf bis zehn Minuten
draußen
keines

So wird gespielt:

Zuerst wird ein Kaiser gewählt. Alle anderen Kinder sind seine Untertanen. Dann wird eine Start- sowie eine Ziellinie markiert. Sie sollten etwa 15 bis 25 Meter auseinanderliegen.
Die Untertanen sammeln sich dann an der Ziellinie, während sich der Kaiser an die Startlinie stellt. Dann rufen die Kinder: „Kaiser, welche Fahne weht heute?" und der Kaiser antwortet z.B.: „Die rote!"
Alle Kinder, die etwas Rotes anhaben, müssen nun losrennen und versuchen, die Startlinie zu erreichen. Ohne, dass sie dabei vom Kaiser berührt werden. Alle Kinder, die nichts Rotes anhaben, sind hingegen „immun" und dürfen ganz entspannt zur Startlinie gehen. Alle Kinder, die der Kaiser berührt hat, sind jetzt seine Diener und müssen ihn beim nächsten Durchgang unterstütztten. Die übrig gebliebenen Kinder stellen sich jetzt an der Startlinie auf und rufen wieder: „Kaiser, welche Fahne weht heute?" Der Kaiser nennt eine Farbe und das Spiel beginnt von neuem.
Der Spieler, der am längsten gegen den Kaiser und seine Diener durchhält, wird am Schluss zum neuen Kaiser ausgerufen.

Jedes Kind sollte wenigstens drei verschiedenfarbige Kleidungsstücke tragen, z.B. eine blaue Hose, einen roten Pulli und einen grünen Schal. Bunte Kleidungsstücke sind aber auch möglich.

Bäume wiederfinden

Das Spiel:

ab neun Jahren
beliebig viele Kinder
fünf Minuten
Wald
Augenbinde

So wird gespielt:

Einem Kind werden die Augen verbunden, dann wird es zwei-, dreimal im Kreis gedreht und dann zu einem Baum geführt. Diesen darf es jetzt ausführlich ertasten. Dann wird das Kind wieder weggeführt und darf einen zweiten Baum ertasten. Zum Schluss wird das Kind wieder zum Ausgangspunkt zurückgeführt, nochmals gedreht. Dann wird ihm die Augenbinde abgenommen und das Kind soll jetzt zeigen, welche Bäume es zuvor ertastet hat.

Wie gut könnt ihr euch mit den Händen Ertastetes merken und später wiedererkennen?

Kopf an Kopf balancieren

Zwei Dinge auf einmal tun ist gar nicht immer so leicht. Etwa dann, wenn es gilt, einen Luftballon zu balancieren und dabei fallengelassene Sachen aufzuheben.

Das Spiel:

- *ab sieben Jahren*
- *ab sechs Kinder*
- *etwa drei bis fünf Minuten*
- *draußen oder drinnen*
- *Luftballons, Körbe, etwas zum Einsammeln, Stoppuhr*

So wird gespielt:

Zuerst sucht sich jedes Kind einen Partner. Am besten sollten immer in etwa gleichgroße Kinder ein Paar bilden. Dann erhält jedes Paar einen Luftballon und einen Korb oder eine Tüte. In der Zwischenzeit geht ein älteres Kind oder ein Erwachsener herum und verteilt Gegenstände auf dem Boden. Wenn die Luftballons noch nicht aufgeblasen sind, wird das jetzt erledigt. Anschließend stellt sich das erste Paar an die Start-/Ziellinie. Zwischen den beiden Kindern befindet sich der Luftballon, der mit der Stirn balanciert werden muss. Dann gehen die beiden Kinder los und versuchen, die hingelegten Gegenstände einzusammeln. Dafür hat jedes Paar drei bis fünf Minuten Zeit. Sobald die Zeit abgelaufen ist, muss das Paar stehen bleiben und die Gegenstände, die es eingesammelt hat, werden gezählt. Wichtig: Fällt der Ballon während des Einsammelns herunter, muss das Paar zur Strafe einen bereits eingesammelten Gegenstand wieder herausgeben und darf ihn nicht mehr einsammeln. Anschließend werden die Gegenstände wieder an ihren Platz gelegt und das nächste Paar ist dran. Gewonnen hat am Ende das Team, das die meisten Gegenstände einsammeln konnte.

Räuber und Gendarm

Das Spiel:

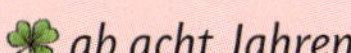

ab acht Jahren
ab sechs bis 18 Kinder
je nachdem, wie geschickt Räuber und Gendarm sind
draußen
Holzlatten zum Abstecken eines Gefängnisses (eine große Decke tut es aber auch)

So wird gespielt:

Zuerst entscheidet ihr, in welchem Bereich gespielt wird. Achtet darauf, dass es genügend Versteckmöglichkeiten für die Räuber gibt. Dann werden die Gendarmen ausgelost. Am besten ist es, wenn auf jeden Gendarm drei bis vier Räuber kommen. Wenn das aufgeteilt ist, stellen sich alle Gendarmen ins Gefängnis und bilden einen Kreis. Die Räuber bleiben draußen. Dann schließen die Gendarmen die Augen und zählen langsam bis 20 oder 30. In der Zwischenzeit dürfen sich die Räuber verstecken. Nach dem Zählen gehen die Gendarmen los und beginnen, die Räuber zu suchen. Wenn sie einen entdecken und ihn dabei am Arm berühren, muss der Räuber sich widerstandslos ins Gefängnis abführen lassen. Selbstverständlich darf sich der Räuber aber der Festnahme „entziehen", indem er schnell wegläuft und sich woanders versteckt.
Das Spiel ist beendet, wenn die Gendarmen alle Räuber eingefangen und ins Gefängnis gebracht haben.
Ihr könnt das Spiel auch abwandeln, indem es den Räubern erlaubt wird, ihre Freunde aus dem Gefängnis zu befreien. Dazu reicht es aus, wenn sich ein Räuber dem Gefängnis nähert und einen der Insassen berührt. Mit dem darf er dann gemeinsam fliehen. Aber Vorsicht: Ist ein Gendarm in der Nähe und berührt den Eindringling, muss auch dieser ins Gefängnis. Die Gendarmen sind also gut beraten, wenn sie darauf achten, das Gefängnis nicht unbewacht zu lassen.

Die Symbole

= *Alter*
= *Mitspieler*
= *Dauer*
= *Ort*
= *Material*

Polizei oder Diebe, wer gewinnt? Für dieses beliebte Spiel solltet ihr draußen viel Platz zum Verstecken haben.

Taudrücken

Bei diesem Spiel sollten möglichst gleichgroße und -starke Kinder zusammenspielen.

Das Spiel:

- *ab fünf Jahren*
- *drei Kinder*
- *drei Minuten*
- *draußen*
- *ein widerstandsfähiges Seil, drei kleine Tücher*

So wird gespielt:

Eigentlich kennt man ja Tauziehen. Aber Taudrücken? Zu dritt? Wie soll das denn gehen, werdet ihr euch fragen.
Ganz einfach: Statt an beiden Ende zu ziehen, wird ein stabiles, etwa vier bis fünf Meter langes Tau fest verknotet, damit es nicht aufgeht. Dann stellen sich drei Kinder hinein, schieben es sich bis über den Po und gehen dann so weit auseinander, dass das Seil gespannt ist. Der Schiedsrichter legt dann hinter jeden der drei „Tauzieher" ein kleines Handtuch oder ein Taschentuch in einem Abstand von etwa ein bis 1,5 Metern. Auf Kommando fangen jetzt alle drei an, sich gegen das Tau zu stemmen, und versuchen, ihr Handtuch oder Taschentuch zu erreichen. Wichtig dabei: Hände und Arme dürfen nicht eingesetzt werden, die Arme müssen vor der Brust verschränkt bleiben.

Kirschkernspucken

Es gibt tatsächlich eine Weltmeisterschaft im Kirschkernspucken. Dabei werden Weiten von über 19 Metern erzielt.

Das Spiel:

- *ab sechs Jahren*
- *ab zwei Kinder*
- *10 bis 15 Minuten*
- *draußen*
- *Kirschen, Teller oder Schale*

So wird gespielt:

Dies ist ein typisches Sommerspiel, das Kindern, aber auch Erwachsenen, Riesenspaß macht – und dabei noch gesund ist. Man benötigt nur eine Schüssel voll reifer, saftiger Kirschen und einen Teller oder eine Schale.
Der Teller oder die Schale werden in guter Spuckdistanz aufgestellt. Wenn mehrere Kinder mitspielen, stellen sie sich am besten im Kreis herum auf. Nun erhält jeder Mitspieler eine bestimmte Anzahl von Kirschen. Reihum muss dann versucht werden, den Kirschkern in den Teller zu spucken.

Krieg der Indianer

Drei Indianerstämme kämpfen gegeneinander und versuchen, sich gegenseitig den Schatz abzujagen.

Das Spiel:

- *ab acht Jahren*
- *ab zehn Kinder*
- *30 Minuten*
- *draußen*
- *rote, grüne, gelbe Stirnbänder, drei „Totempfähle"*

So wird gespielt:

Zuerst bildet ihr drei Indianerstämme. Um die Rotgesichter, die Grünohren und die Gelbfüße voneinander zu unterscheiden, bekommt jeder Stamm rote, grüne oder gelbe Stirnbänder. Dann verteilen sich die Stämme und jeder schlägt sein Lager auf, wo der Totempfahl aufgestellt wird.
Dann macht sich jeder Stamm auf die Suche nach den beiden anderen Stämmen und versucht, ihnen die Totempfähle abzunehmen. Wird dabei jedoch ein Indianer vom Mitglied eines anderen Stammes zuerst mit der Hand berührt, gilt er als Gefangener und wird ins Lager gebracht. Natürlich können die Gefangenen von freien Stammesmitgliedern jederzeit wieder befreit und ins eigene Lager zurückgebracht werden.
Gespielt wird dabei nach Punkten. Jedes Mal, wenn es einem Stamm gelingt, einen gegnerischen Totempfahl in sein eigenes Lager zu bringen, gibt es dafür fünf Punkte. Für jeden Gefangenen gibt es drei Punkte. Vereinbart eine Spieldauer und zählt danach eure Punkte zusammen. Wer die meisten Punkte hat, hat gewonnen.
Man kann aber auch so spielen, dass der Stamm gewonnen hat, dem es gelingt, alle Totempfähle in sein Lager zu bringen.

Geheime Jagd

Das Spiel:

- *ab acht Jahren*
- *beliebig viele Kinder*
- *ca. 20 bis 30 Minuten*
- *draußen*
- *Zettel, Stifte*

Wer kann sich gut verstecken und dabei unauffällig auf die Jagd gehen?

So wird gespielt:

Alle mitspielenden Kinder schreiben ihren Namen auf einen Zettel. Der wird gefaltet, dann kommen alle Zettel in eine Mütze und jedes Kind darf einen Zettel ziehen. Wenn alle Zettel gezogen sind, schaut jeder heimlich nach, wen er jagen soll. Verratet nicht den Namen, weil das Kind sonst gewarnt ist. Vom Startplatz aus hat dann jedes Kind ein paar Minuten Zeit, sich zu verstecken. Wenn die Zeit um ist, darf jeder anfangen, heimlich auf die Jagd zu gehen. Wer den Mitspieler findet, den er jagen muss, versucht, ihn zu berühren. Gelingt ihm das, ist der Mitspieler gefangen und wird von seinem Jäger zum Startplatz zurückgebracht. Gewonnen haben alle Kinder, denen es gelingt, das gesuchte Kind zu fangen und selbst nicht von ihrem Jäger gefangen genommen zu werden.

Wettlauf gegen die Uhr

Das Spiel:

- *ab acht Jahren*
- *beliebig viele Kinder*
- *fünf Minuten*
- *draußen*
- *ein Wecker*

So wird gespielt:

Als Erstes wird ein Spielleiter ausgelost. Er bekommt den Wecker. Am besten eignet sich dafür einer mit Schellen, da diese Modelle schön laut ticken. Dann geht der Spielleiter alleine los und versteckt den Wecker im Gelände. Vorher stellt er den Wecker aber noch auf eine Weckzeit. Die anderen Kinder dürfen dann los und nach dem Wecker suchen. Wer ihn zuerst entdeckt, hat das Spiel gewonnen und darf in der nächsten Runde als Spielleiter den Wecker verstecken. Klingelt der Wecker jedoch, bevor ihn ein Kind gefunden hat, wird die Runde wiederholt.

Wer findet den Wecker als Erster?

Seilziehen

Das Spiel:

- *ab acht Jahren*
- *beliebig viele Kinder*
- *drei Minuten pro Runde*
- *draußen*
- *ein stabiles, etwa drei bis fünf Meter langes Seil*

So wird gespielt:

Zuerst wird ein Schiedsrichter bestimmt. Am besten ein Erwachsener oder ein älteres Kind. Dann werden zwei Gruppen gebildet. Achtet darauf, dass die Gruppen ungefähr gleich stark sind, sonst wird es schnell langweilig. Dann stellen sich beide Gruppen gegenüber jeweils an ein Ende des Seils und heben es auf. Der Schiedsrichter zieht genau in der Mitte des Seiles einen Strich auf den Boden. Dann dürfen die Kinder auf Kommando des Schiedsrichters ziehen. Verloren hat das Team, bei dem das erste Kind über den Strich auf dem Boden gezogen wird.

Diesen Spieleklassiker lieben Kinder und Erwachsene.

Die Symbole

- *= Alter*
- *= Mitspieler*
- *= Dauer*
- *= Ort*
- *= Material*

Lichtersperre

Das Spiel:

- *ab acht Jahren*
- *ab zehn Kinder*
- *fünf bis zehn Minuten*
- *draußen*
- *vier bis sechs Taschenlampen, ebenso viele Augenbinden*

So wird gespielt:

Zuerst werden die Kinder ausgelost, die eine Taschenlampe bekommen. Das Verhältnis sollte in etwa eins zu vier sein. Anschließend werden den Taschenlampen-Kindern die Augen verbunden und sie werden in einer Linie aufgestellt. Dabei sollte der Abstand zwischen den Kindern etwa acht bis zehn Meter betragen. Die übrigen Kinder stellen sich in einiger Entfernung gegenüber auf. Dann dürfen die Taschenlampen-Kinder die Taschenlampen anmachen. Die anderen Kinder müssen nun versuchen, sich zwischen den Kindern mit der Taschenlampe durchzuschleichen. Um die Taschen-lampen-Kinder herumzugehen ist nicht erlaubt. Wird ein Kind vom Lichtkegel einer Taschenlampe erwischt, darf es nicht mehr weitergehen und muss bis zum Ende des Spiels auf der Stelle stehen bleiben.

Wer durchschlüpfen will, muss hübsch leise sein und darf sich nicht vom Licht erwischen lassen.

Lustige Spiele

Geht es Ihnen auch so? Es ist immer wieder herzerfrischend zu beobachten, wenn sich Kinder amüsieren und es ihnen ganz leicht fällt, über die seltsamsten Dinge in lautes Lachen auszubrechen. Warum auch nicht? Für den Ernst des Lebens ist es schließlich noch viel zu früh.

Eichen und Ochsen

So eine stämmige Eiche stört es nicht, wenn sich ein Ochse an ihr reibt. Vorausgesetzt, es ist der richtige.

Das Spiel:

- *ab fünf Jahren*
- *acht und mehr Kinder*
- *etwa zehn Minuten*
- *draußen oder drinnen*
- *keines*

So wird gespielt:

Zuerst werden alle Kinder in zwei Gruppen aufgeteilt. Die „Eichen" stellen sich im Kreis auf, dann werden ihnen die Augen verbunden. Zu jeder Eiche stellt sich jetzt ein „Ochse" dazu und sagt seiner „Eiche", wie er heißt. Dann reibt sich der „Ochse" ein wenig an seiner „Eiche". Dabei sollte die „Eiche" gut aufpassen und merken, wie der „Ochse" das macht. Allerdings darf die „Eiche" dabei den „Ochsen" nicht anfassen. Schließlich bewegt sich in der Natur ein Baum ja auch nicht! Nach einer kurzen Weile wechseln die Ochsen ihre Scheuerstelle und suchen sich eine neue „Eiche". Dann dürfen sich die Rindviecher wieder scheuern. Aber die Eichen müssen gut aufpassen, dass sich nur ihr Ochse an Ihnen scheuert. Stellt sich nämlich heraus, dass es der „falsche Ochse" ist, müssen sie ihn wegschicken.

Kunos Kröten

Das Spiel:

- *ab fünf Jahren*
- *ab sieben Kinder*
- *etwa 20 Minuten*
- *drinnen und draußen*
- *Gummistiefel oder Schwimmflossen*

So wird gespielt:

Ein Kind, zum Beispiel Susanne, steht in der Mitte und trägt große Gummistiefel oder Schwimmflossen; das ist „Kuno". Die anderen Kinder bilden einen Kreis um „Kuno" und fassen sich an den Händen. Dann zählen sie durch, zum Beispiel sind es sieben Kinder. Anschließend laufen sie um „Kuno" herum und alle, auch „Kuno", sagen dabei diesen Vers auf:

Susanne mit den sieben Kröten,
Sieben Kröten, keine mehr,
Die sagen nichts,
Die hüpfen nicht,
Die seh'n ihr alle ins Gesicht
Und alle machen (nicht) so!

Jetzt bleiben alle Kinder stehen und schauen das Kind in der Mitte an. Dies schneidet jetzt eine Grimasse oder macht eine Verrenkung und alle Kinder müssen das sofort nachmachen. Dann geht das Spiel weiter. Die Kinder müssen jedoch gut aufpassen, wenn „Kuno" den Vers mitspricht. Denn wenn „Kuno" am Ende ein „nicht" in den letzten Vers einfügt und wieder seine Verrenkungen macht, dürfen die Kinder dies auf keinen Fall wiederholen, weil „Kuno" ja gerade gesagt hat, was sie nicht machen sollen. Gut für „Kuno", wenn jetzt einer nicht aufgepasst hat. Denn die „Schlafmütze" muss nun die Gummistiefel anziehen und für „Kuno" in die Mitte – und „Kuno" darf sich den anderen Kindern anschließen.

Die Kröten müssen gut aufpassen und genau tun, was Kuno ihnen sagt. Doch wer nicht aufpasst, der muss in die Mitte!

Die Symbole

- = *Alter*
- = *Mitspieler*
- = *Dauer*
- = *Ort*
- = *Material*

Luftballons fangen

Ist schwieriger, als es sich anhört. Denn die Luftballons sausen schnell davon, wenn die Kinder sie loslassen.

Das Spiel:

- *ab fünf Jahren*
- *ab zwei Kinder*
- *zehn Minuten*
- *draußen*
- *Luftballons, pro Kind fünf Wäscheklammern*

So wird gespielt:

Als Erstes pustet jedes Kind seinen Luftballon auf, macht aber keinen Knoten in die Öffnung, sondern hält sie mit Daumen und Zeigefinger einer Hand zu. Dann stellen sich alle Kinder in eine Reihe und eines gibt das Startsignal: „Drei, zwei, eins, los!" Dann müssen alle Kinder ihren Luftballon loslassen. Die ausströmende Luft lässt die Ballons die wildesten Kapriolen schlagen und die Kinder müssen versuchen, ihren Ballon zu fangen, bevor keine Luft mehr drin ist und er zu Boden fällt.
Jedes Kind, das seinen Ballon fängt, bevor er auf den Boden fällt, bekommt eine Wäscheklammer an den Hosenbund geklemmt. Wer zuerst fünf Wäscheklammer gesammelt hat, hat gewonnen.

Mein linker Platz ist frei

Bei diesem Spiel könnt ihr eurer Fantasie richtig freien Lauf lassen.

Das Spiel:

- *ab fünf Jahren*
- *ab vier Kinder*
- *etwa fünf Minuten*
- *drinnen oder draußen*
- *keines*

So wird gespielt:

Alle Kinder sitzen auf Stühlen in einem Kreis. Ein Platz muss allerdings frei bleiben. Das Kind, das rechts davon sitzt, darf anfangen. Es sagt: „Mein linker Platz ist frei, da wünsch ich mir Martin herbei." Martin muss nun antworten: „Wie soll ich kommen?" Auf die Frage antwortet das erste Kind zum Beispiel: „wie ein Elefant". Dann muss Martin aufstehen und tröten und prusten und tun, als sei er ein Elefant. Das Kind, das nun den freien Platz links neben sich hat, ist als nächstes dran.
Ihr könnt dieses Spiel auch variieren. Zum Beispiel indem ihr sagt: „Mein linker Platz ist frei, da wünsch ich mir jemanden herbei, der gern Nudeln isst." Das Kind, das sich davon angesprochen fühlt, darf sich dann auf den freien Platz setzen.

Reise nach Rom

Das Spiel:

- *ab vier Jahren*
- *ab sechs Kinder*
- *etwa zehn Minuten*
- *drinnen oder draußen*
- *Stühle, Musik*

So wird gespielt:

Als Erstes wählt ihr einen Spielleiter. Seine Aufgabe ist es, die Musik ein- und auszuschalten. Dann werden die Stühle im Kreis aufgestellt, wobei die Lehnen nach innen zeigen. Danach stellen sich die Kinder außen um den Stuhlkreis herum auf.
Achtet darauf, dass es immer ein Stuhl weniger sein muss, als Kinder mitspielen. Dann schaltet der Spielleiter die Musik ein und alle Kinder gegen langsam um den Stuhlkreis herum. Sobald der Spielleiter die Musik abschaltet, muss jedes Kinder versuchen, schnell einen Stuhl zu besetzen. Das Kind, das keinen Stuhl findet, scheidet aus. Dann wird ein Stuhl aus dem Stuhlkreis entfernt und das Spiel beginnt von neuem.
Ihr könnt die „Reise nach Rom" auch als Variante spielen, die heißt dann „Obst-salat". Dafür wählt ihr ein Kind aus, das sich in die Mitte stellt, während allc anderen Kinder auf einem Stuhl sitzen. Jedes der sitzenden Kinder bekommt nun einen Obstnamen, zum Beispiel Weintraube, Banane, Apfel, Apfelsine, Mango, Kiwi, Pflaume usw. Das Kind in der Mitte macht nun einen Obstsalat und sagt zum Beispiel: „Für meinen Obstsalat brauche ich Weintrauben, eine Banane, einen Apfel, eine Apfelsine, eine Pflaume."
Die Kinder, die die genannten Obstnamen bekommen haben, müssen nun aufstehen und schnell die Plätze tauschen. Dieses Durcheinander muss das Kind in der Mitte ausnutzen, um sich schnell auf einen der kurz frei werdenden Stühle zu setzen. Das Kind, für das dann kein Stuhl mehr frei ist, muss in die Mitte und darf den nächsten Obstsalat zubereiten.

Mehr Kinder als Stühle. Da müsst ihr aufpassen, dass ihr schnell einen Sitzplatz findet, sobald die Musik aus ist.

Die Symbole

- = *Alter*
- = *Mitspieler*
- = *Dauer*
- = *Ort*
- = *Material*

Stille Post

Undeutlich sprechen, nicht richtig zuhören, das gehört sich eigentlich nicht. Aber genau das macht bei diesem lustigen Spiel den Reiz aus.

Das Spiel:

- *ab sechs Jahren*
- *ab sechs Kinder*
- *zehn bis 15 Minuten*
- *drinnen*
- *keines*

So wird gespielt:

Die Kinder sitzen im Kreis zusammen. Ein Kind wird ausgewählt, das seinem Nachbarn schnell etwas ins Ohr flüstert.
Dieses Kind muss dann die „Nachricht" an das nächste Kind weitergeben, dieses wieder an seinen nächsten Nachbarn usw. Wenn die „Nachricht" einmal herum ist, muss das letzte Kind laut sagen, was es verstanden hat. Das erste Kind antwortet dann, was es wirklich gesagt hat.

Wenn die Mitspieler schon schreiben können, könnt ihr „Stille Post" auch als „Telegramm" spielen. Dazu setzen sich alle Kinder hintereinander. Das letzte in der Reihe schreibt nun seinem Vordermann eine „Botschaft" auf den Rücken. Der Vordermann wiederholt das dann bei seinem Vordermann, und so geht es immer weiter, bis zum letzten Kind. Dies muss nun laut sagen, was es glaubt, was ihm auf den Rücken geschrieben wurde.
„Stille Post" könnt ihr auch als „Scharade" spielen. Das geht so, dass das erste Kind seinem Nachbarn etwas ins Ohr flüstert, der Nachbar dies dann an seinen Nachbarn weiterflüstert usw. Das letzte Kind muss dann mimisch aufführen, was es verstanden hat. Dabei dürfen die anderen dann raten, was das sein soll. Zuletzt löst dann das erste Kind das Rätsel auf und sagt, welches Wort es auf die Reise geschickt hat.

Wer hat schon mal versucht, mit seinem Gartenschlauch zu telefonieren? Um es einfacher zu machen, kann man in die Enden des Schlauches je einen Trichter stecken.

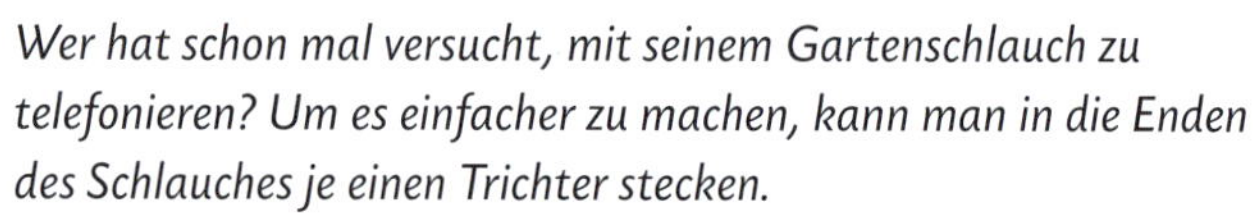

Schubkarren-Rennen

Das Spiel:

ab sechs Jahren
beliebig viele Kinder
fünf bis zehn Minuten
draußen
kleine Gegenstände wie Bananen, Würfel, Ringe

So wird gespielt:

Zuerst legt ihr fest, über welche Strecke gelaufen werden soll. Dies Strecke sollte einen Wendepunkt haben.

Dann werden die Kinder in zwei Gruppen eingeteilt und die Kinder jeder Mannschaft stellen sich hintereinander auf.

Auf ein Startsignal hin geht jetzt das erste Kind als „Schubkarre" auf alle Viere und das zweite Kind als „Gärtner" nimmt die Unterschenkel des ersten Kindes unter die Arme, um die „Schubkarre" schnell zum Umkehrpunkt und von dort aus wieder zurück zum Start zu bringen. Das geht natürlich um so schneller, je besser das „Schubkarren"-Kind auf den Händen laufen kann.

Sobald das Gespann wieder bei der Mannschaft ist, darf das nächste Duo starten. Gewonnen hat die Mannschaft, bei der alle Kinder einmal unterwegs waren. Um es noch etwas abwechslungsreicher zu machen, könnt ihr auch zwei Runden vereinbaren, wobei jedes Kind einmal die Schubkarre und einmal der „Gärtner" ist.

Wenn ihr es richtig schwierig machen wollt, könnt ihr am Wendepunkt auch Gegenstände ablegen, die dann auf dem Rücken der „Schubkarre" zurückgebracht werden müssen.

Bei diesem Spieleklassiker geht es garantiert in kürzester Zeit hoch her.

Such, Waldi, such!

Waldi muss mit seiner feinen Spürnase Gegenstände finden.

Das Spiel:

- *ab vier Jahren*
- *ab sechs Kindern*
- *etwa fünf Minuten*
- *drinnen*
- *was jedes Kind in der Hosentasche hat. Oder, wenn ihr dürft, kleine Süßigkeiten*

So wird gespielt:

Ein Kind wird als „Waldi" ausgewählt, die anderen Kinder bilden einen Kreis. Dann wird „Waldi" gezeigt, wonach er gleich suchen soll. Dann muss sich „Waldi" die Augen zuhalten, während eines der anderen Kinder hinter seinem Rücken den Gegenstand versteckt. Dann darf „Waldi" suchen. Er schnüffelt bei den Kindern, winselt und verhält sich wie ein kleiner Hund. Wenn „Waldi" den Gegenstand nicht gleich findet, darf das Kind, das den Gegenstand versteckt hat, möglichst unauffällig, wenn „Waldi" gerade nicht in seine Richtung guckt, sagen, „Waldi, bell doch mal." Dann muss „Waldi" schnell nach dem Kind Ausschau halten. Wenn er das Kind entdeckt hat, wird er gelobt und gestreichelt. Wenn ihr Süßigkeiten verstecken dürft, bekommt „Waldi" natürlich die Süßigkeit und darf sie aufessen.

Den König fangen

König sein mag jeder gern. Aber bei diesem Spiel muss der König gut aufpassen, dass er nicht gefangen wird.

Das Spiel:

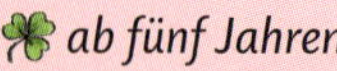

- *ab fünf Jahren*
- *ab vier Kinder*
- *ca. 15 Minuten*
- *draußen oder drinnen*
- *goldfarbene Folie, Klebeband, Schere. Daraus wird eine Krone gebastelt.*

So wird gespielt:

Das jüngste Kind wird als erstes zum König gekrönt. Alle anderen Kinder sind nun die „Untertanen" des Königs. Denen sagt der König nun, was sie tun sollen. Zum Beispiel hoppeln wie ein Kaninchen, schreiten wie ein Storch und mit dem Schnabel klappern (Arme ausstrecken und in die Hände klatschen), wie ein Frosch hüpfen und quaken, wie eine Katze schleichen und miauen, traben und wiehern wie ein Pferd oder trompeten und majestätisch einherschreiten wie ein Elefant. Nachdem der König das Tier vorgegeben hat und alle Kinder das tun, was er verlangt, ruft er: „Fangt mich doch, wenn ihr könnt". Dann dürfen die anderen Kinder versuchen, ihn zu fangen. Das Kind, das den König fängt, ist der neue König.
Um das Spiel spannender zu gestalten, kann das Spielfeld begrenzt werden.

Wattepusten

Das Spiel:

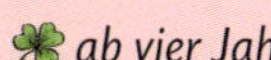

- *ab vier Jahren*
- *ab drei Kinder*
- *fünf Minuten pro Runde*
- *drinnen*
- *Strohhalm, kleine Wattebällchen*

So wird gespielt:

Jedes Kind bekommt einen Strohhalm und etwas Watte. Aus der Watte formt es sich einen Ball. Als Spielfläche eignet sich ein großer Tisch oder der Fußboden. Legt dazu eine Start- und Ziellinie fest. Hinter der Startlinie postieren sich alle Kinder und legen ihren Watteball vor sich ab. Ein Kind gibt das Startkommando „3, 2, 1, los!“ Dann versuchen alle Kinder, ihren Watteball Richtung Ziel zu bugsieren, indem sie kräftig in ihren Strohhalm pusten.
Verboten ist dabei natürlich, den Watteball eines anderen Kindes wegzupusten.
Noch lustiger, aber auch etwas schwieriger ist es, wenn ihr statt eines Strohhalms einen Luftballon nehmt. Den müsst ihr zunächst aufblasen und dann die Ballonöffnung so an euren Watteball halten, dass die aussströmende Luft den Watteball vorwärtsbewegt. Wenn keine Luft mehr im Luftballon ist, wird er neu aufgepustet.

Macht anfangs die Watteballchen lieber etwas größer und knetet sie nicht zu fest zusammen – dann ist es einfacher zu spielen.

Wer lacht, verliert

Das Spiel:

- *ab acht Jahren*
- *beliebig viele Kinder*
- *fünf bis zehn Minuten*
- *drinnen*
- *keines*

So wird gespielt:

Zwei Kinder stehen sich gegenüber und schauen sich ernst in die Augen. Die anderen versuchen, wenigstens eines der Kinder durch Grimassenschneiden zum Lachen zu bringen. Lacht eines der beiden Kinder, scheidet es aus und darf mit Grimassen schneiden. Das „ernst gebliebene“ Kind darf sich einen neuen Partner aussuchen. Es muss jedoch jemand sein, der nicht Partner war. Fangen beide Kinder an zu lachen, dürfen zwei neue in die Mitte. Es sollten jedoch welche sein, die noch nicht dran waren. Gelingt es einem Kind, bis zum Ende nicht zu lachen, wird ihm der Titel „Ernst des Tages“ verliehen.

Hier kann auf Dauer niemand wirklich ernst bleiben – oder vielleicht doch?

Die wilde 6

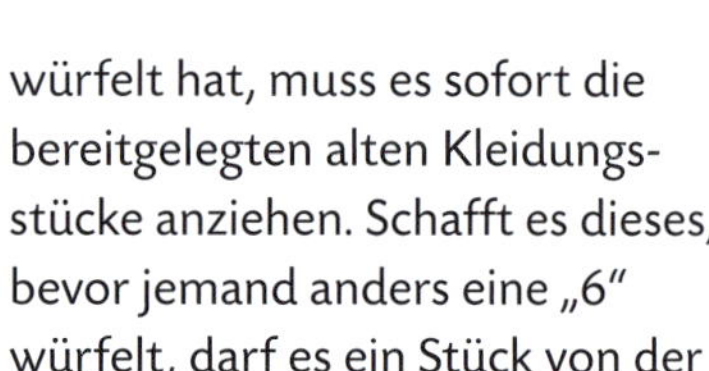

Wer von der Schokolade naschen möchte, muss sich schnell anziehen können.

Das Spiel:

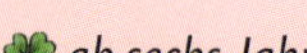

- *ab sechs Jahren*
- *beliebig viele Kinder*
- *etwa zehn Minuten*
- *drinnen*
- *Alte Kleidung zum schnellen Überziehen, ein Würfel, eine Tafel Schokolade*

So wird gespielt:

Alle Kinder sitzen um einen Tisch herum und würfeln der Reihe nach. Sobald das erste Kind eine „6" gewürfelt hat, muss es sofort die bereitgelegten alten Kleidungsstücke anziehen. Schafft es dieses, bevor jemand anders eine „6" würfelt, darf es ein Stück von der Schokolade essen.
Würfelt jedoch ein anderes Kind eine „6", bevor das erste Kind alle Kleidungsstücke anhat, muss dieses die Kleidungsstücke wieder ausziehen und sie dem anderen Kind geben, damit dieses möglichst schnell alles anziehen kann, um etwas von der Schokolade zu bekommen.

Wildes Durcheinander

Bei diesem Spiel sollte der Spielleiter einen guten Überblick haben. Damit er am Ende alles entwirren kann.

Das Spiel:

- *ab vier Jahren*
- *ab fünf Kinder*
- *zehn Minuten*
- *drinnen oder draußen*
- *keines*

So wird gespielt:

Zunächst bestimmt ihr einen Spielleiter. Am besten das älteste Kind oder einen Erwachsenen. Dann werfen sich alle Kinder übereinander, wuseln herum, bis sie in einem wilden Haufen in- und umeinander verschlungen sind. Wenn der Spielleiter „Stopp" ruft, darf sich kein Kind mehr bewegen. Dann muss der Spielleiter versuchen, dieses wilde Durcheinander wieder zu entflechten.
Dazu nennt er den Namen eines Kindes und sagt, was es tun soll. Etwa „Alexandra, heb deinen rechten Arm" oder „Martin, streck dein Bein aus." Die anderen Kinder müssen starr liegen bleiben und dürfen sich in dieser Zeit nicht bewegen. Wer es trotzdem tut, muss ein Pfand abgeben.

Tierpantomime

Das Spiel:

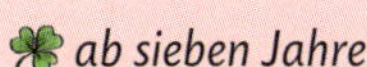

- *ab sieben Jahren*
- *ab vier Kinder*
- *drei Minuten*
- *drinnen*
- *keines*

So wird gespielt:

Alle Kinder setzen sich auf den Boden. Ein Kind wird ausgewählt, das als erstes ein Tier vormachen darf. Dabei darf das Kind aber keinen Laut von sich geben. Wer als Erster das richtige Tier erkennt, darf als Nächster ein Tier pantomimisch darstellen.

Etwas darstellen, ohne dabei einen Laut von sich zu geben, kann manchmal ganz schön schwierig sein.

Wer weckt die Kleinen?

Das Spiel:

- *ab fünf Jahren*
- *ab fünf Kinder*
- *etwa zehn Minuten*
- *drinnen*
- *keines*

So wird gespielt:

Alle Kinder legen sich auf den Boden und stellen sich schlafend. Ein vorher ausgewähltes Kind muss nun versuchen, die anderen Kinder aufzuwecken, indem es sie, ohne diese zu berühren, zum Lachen bringt. Zum Beispiel durch Witze erzählen oder lustige Geräusche machen. Verboten ist kitzeln, kneifen oder gar kaltes Wasser ins Ohr gießen. Das Kind, das besonders fest schläft und erst als letztes lacht, muss in der nächsten Runde den „Wecker" geben. Bis auf die Verbote sind bei diesem Spiel der „Aufweck-Fantasie" keine Grenzen gesetzt.

Die Kinder sind sooo müde. Da muss man sich schon etwas Besonderes einfallen lassen, um sie wach zu bekommen.

Die Symbole

- *= Alter*
- *= Mitspieler*
- *= Dauer*
- *= Ort*
- *= Material*

Freihändig essen

Essen, ohne die Hände zu benutzen? Das kann unter Umständen richtig schwierig – und lustig! – werden.

Das Spiel:

- *ab acht Jahren*
- *beliebig viele Kinder*
- *fünf Minuten*
- *draußen*
- *Plastikschüsseln mit Wasser, Äpfel*

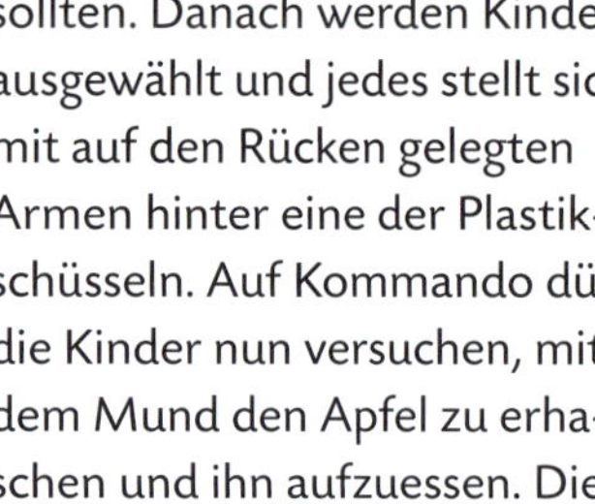

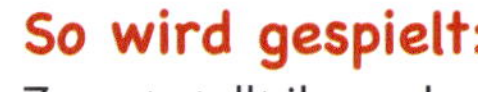

So wird gespielt:

Zuerst stellt ihr mehrere Plastikschüsseln auf einen Tisch und schüttet Wasser hinein. Dann legt ihr in jede der Schüsseln jeweils einen Apfel. Wichtig ist, dass die Äpfel alle in etwa gleich groß sein sollten. Danach werden Kinder ausgewählt und jedes stellt sich mit auf den Rücken gelegten Armen hinter eine der Plastikschüsseln. Auf Kommando dürfen die Kinder nun versuchen, mit dem Mund den Apfel zu erhaschen und ihn aufzuessen. Die Hände dürfen dabei aber nicht benutzt werden. Am besten stoppt ihr dabei die Zeit. Gewonnen hat dann am Ende das Kind, das von seinem Apfel am meisten hat essen können.

Mehlmikado

Wie bei einem Geduldsspiel sollten die Spieler auch hier darauf achten, dass sich nichts bewegt.

Das Spiel:

- *ab sechs Jahren*
- *ab vier Kinder*
- *fünf bis zehn Minuten*
- *drinnen*
- *Mehl, Löffel und Schokolade*

So wird gespielt:

Zuerst wird das Mehl in der Tischmitte aufgehäuft, dann wird oben auf die Spitze ein Stückchen Schokolade gesetzt. Reihum müssen die Kinder etwas Mehl mit einem Löffel abtragen. Das abgetragene Mehl wird dann in einen Teller gegeben. Ist ein Kind unvorsichtig und erwischt zu viel Mehl, so dass sich die Schokolade bewegt, darf das Kind die Schokolade essen. Aber nur mit dem Mund! Die Hände müssen dabei auf dem Rücken sein. Um die lustigen Mehlgesichter zu dokumentieren, solltet ihr eine Kamera parat haben.

Mumien wickeln

Das Spiel:

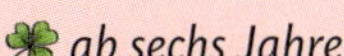

ab sechs Jahren
sechs bis acht Kinder
etwa fünf Minuten
draußen
Klopapier

So wird gespielt:

Zuerst bildet ihr Zweiergruppen und jede Gruppe bekommt ein bis zwei Rollen Klopapier. Jede Zweiergruppe entscheidet nun, wer als Erster die Mumie ist und wer die Mumie einwickeln soll. Wenn das feststeht, beginnen alle Duos nach dem Startsignal, ihre Mumie „einzuwickeln“.

Mit Klopapier ist das gar nicht so einfach. Denn natürlich soll das Papier nicht reißen – aber vom Mitspieler soll anschließend auch nichts mehr zu sehen sein. Das gelingt nur, wenn der „Einwickler“ vorsichtig ans Werk geht. Gewonnen hat das Team, bei dem die Mumie als erste vollständig eingewickelt ist. Danach könnt ihr noch eine zweite Runde spielen und dann werden die Rollen getauscht und die Mumie darf den Verband anlegen. Besonders lustig ist das Spiel, wenn auch die Erwachsenen mitmachen.

Jemand anderen einwickeln ist gar nicht so einfach, wie es sich anhört.

Geschicklichkeitsspiele

Sensibel etwas mit den Fingern ertasten, sich ganz auf Nase und Ohren verlassen. Die Welt mit allen Sinnen wahrnehmen und erforschen, das macht Kindern immer wieder aufs Neue Spaß.

Berühren verboten!

Gelenkigkeit, Geschicktheit und gut aufpassen. Darauf kommt es hier ganz besonders an.

Das Spiel:

- *ab fünf Jahren*
- *ab drei Kinder*
- *etwa 20 Minuten*
- *drinnen*
- *Stühle, Besenstiel (oder dünne Latte), Bücher*

So wird gespielt:

Stellt zwei Stühle mit den Lehnen zueinander auf und lasst dazwischen etwa 1 bis 1,20 m Platz. Anschließend legt ihr über die Lehnen einen Besenstiel oder eine dünne Latte. Dann versuchen alle Kinder, nacheinander unter dem Stiel hindurchzutanzen. Indem es sich zurücklehnt, sich bückt oder in die Hocke geht. Ganz wichtig dabei: Die Hände und Finger dürfen nicht den Boden berühren. Passiert das trotzdem, ist das so, als hätte man die Latte berührt.

Dazu könnt ihr auch etwas Musik machen.

Nachdem alle Kinder unter dem Hindernis hindurch sind, wird die Latte niedriger gelegt. Dazu dreht ihr die Stühle um und legt zum Beispiel Bücher oder flache Kartons auf die Sitzfläche. Achtet aber darauf, dass die Latte waagerecht bleibt und niedriger liegt als beim ersten Mal. Dann tanzen wieder alle Kinder darunter hindurch. Nach und nach wird die Latte immer niedriger gelegt. Wer sie dreimal nacheinander berührt, scheidet aus. Gewonnen hat am Ende das Kind, das auch dann noch unter der Latte ohne Berührung durchkommt, wenn diese schon ganz niedrig gelegt ist.

Blinde Ganovenjagd

Das Spiel:

- *ab acht Jahren*
- *zehn und mehr Kinder*
- *ca. 10 bis 15 Minuten*
- *draußen oder drinnen*
- *Schal oder Handtuch*

So wird gespielt:

Zuerst wird ein Kommissar ausgelost. Dann stellen sich alle anderen Kinder in einer Reihe auf. Der Kommissar geht dann die Reihe entlang und zählt die Kinder durch: „Eins, zwei, drei …"
Der erste Spieler ist also Nummer eins, der zweite Nummer zwei usw. Kommissar und Spieler müssen sich die zugeteilten Nummern gut merken.
Wenn jedes Kind eine Nummer hat, bilden die Kinder einen Kreis und fassen sich an den Händen. Der Kommissar stellt sich in die Mitte, schaut sich noch einmal um und prägt sich alles gut ein. Dann werden ihm die Augen verbunden.
Die Ganovenjagd beginnt damit, dass der Kommissar zwei Nummern laut aufruft, z.B. „Nummer fünf und Nummer neun – ich verhafte euch."
Dann dürfen Nummer fünf und Nummer neun ihre Plätze tauschen. Natürlich möglichst leise, damit der Kommissar davon nichts mitbekommt. Während sie dies tun, darf der Kommissar versuchen, einen oder beide zu berühren. Gelingt ihm das, sind die Gangster verhaftet. Können sie hingegen ihren neuen Platz erreichen, muss es der Kommissar noch einmal versuchen.
Das Spiel ist zu Ende, wenn nur noch fünf Kinder im Kreis übrig sind. Dann darf der Kommissar unter ihnen seinen Nachfolger bestimmen.

Wer die Ganoven fangen will, braucht ein gutes Gedächtnis und eine schnelle Reaktionsfähigkeit.

Die Symbole

- = *Alter*
- = *Mitspieler*
- = *Dauer*
- = *Ort*
- = *Material*

Bloß nicht wackeln!

Hier sollten alle Kinder gut aufpassen, sich geschickt bewegen und auf keinen Fall im falschen Moment wackeln.

Das Spiel:

- *ab fünf Jahren*
- *ab vier Kinder*
- *15 Minuten*
- *drinnen oder draußen*
- *evtl. ein CD-Spieler, pro Kind zwei bis drei Murmeln als Pfand*

So wird gespielt:

Ein Spielleiter wird gewählt, entweder das älteste Kind oder ein Erwachsener. Dann wird Musik gespielt und alle Kinder laufen durcheinander. Dazu sagt oder macht der Spielleiter vor, was die Kinder tun sollen. Sich zum Beispiel um die eigene Achse drehen, hüpfen, krabbeln, lange Schritte machen, rückwärts gehen. Schaltet der Spielleiter die Musik ab, müssen alle Kinder sofort wie erstarrt stehen bleiben und dürfen sich nicht mehr bewegen. Jetzt muss der Spielleiter ganz genau hinschauen, ob sich nicht eines der Kinder doch noch bewegt. Erwischt er eines, muss dieses ein Pfand abgeben. Dann schaltet der Spielleiter die Musik wieder ein und das Spiel beginnt von vorn. Das Kind, das als erstes kein Pfand mehr hat, hat verloren, wird zum „Wackelpeter" ernannt und darf die nächste Runde als neuer Spielleiter eröffnen.

Wenn ihr keine Musik habt, ruft der Spielleiter „Alle Kinder laufen los" und gibt dann die Anweisungen. Will der Spielleiter unterbrechen, klatscht er dann als Signal dafür in die Hände.

Das Überlauf-Spiel

Das Spiel:

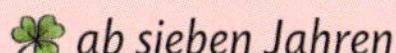

- *ab sieben Jahren*
- *beliebig viele Kinder*
- *fünf bis zehn Minuten pro Runde*
- *drinnen*
- *ein kleiner Kochtopf oder Eimer, kleinere, wasserfeste Gegenstände wie Murmeln, Münzen, Knöpfe, Steine*

So wird gespielt:

Zuerst kommt Wasser in den Topf. Am besten zwei bis drei Fingerbreit unterhalb des Randes. Den Topf stellt ihr dann auf den Tisch und legt etwas Küchenpapier oder ein Küchentuch darunter, um überlaufendes Wasser aufzufangen. Immer zwei Kinder spielen dabei gegeneinander, indem sie abwechselnd einen der Gegenstände ins Wasser legen dürfen. Dabei müsst ihr aber gut aufpassen, denn die Gegenstände verdrängen etwas Wasser. Das heißt: Je mehr ihr hineinfüllt, umso höher steigt das Wasser. Bei wem das Wasser zuerst überläuft, der hat das Spiel verloren. Damit die nächsten beiden Kinder spielen können, nehmt die Gegenstände wieder heraus. Ist Wasser übergelaufen, füllt ihr es wieder nach.

Wer macht den Topf so voll, dass nichts mehr reinpasst, aber auch nichts überläuft?

Der blinde Räuber

Das Spiel:

- *ab vier Jahren*
- *ab drei Kinder*
- *etwa zehn Minuten*
- *drinnen*
- *Augenbinde, kleine Süßigkeiten, Erdnüsse*

So wird gespielt:

Auf einem Tisch werden Süßigkeiten wie Kaubonbons, Lollis, bunte Schoko-Dragees, Schokoladenstückchen, Mini-Schokoküsse oder Kekse verteilt. Dazwischen werden aber auch Erdnüsse verteilt. Das Verhältnis zwischen Erdnüssen und Süßigkeiten sollte dabei 1:1 sein. Einem Kind werden die Augen verbunden, dann darf es mit einer Hand nach den Süßigkeiten tasten und so viel davon nehmen, bis es eine Erdnuss aufhebt. Dann ist das nächste Kind dran. Zwischendurch solltet ihr nicht vergessen, die Süßigkeiten wieder nachzufüllen.

Die Symbole

- *= Alter*
- *= Mitspieler*
- *= Dauer*
- *= Ort*
- *= Material*

Erdnuss oder Süßigkeit? Das ist hier die entscheidend Frage ...

Der Boden ist heiß

Am Anfang noch ganz einfach, wird es mit der Zeit aber immer schwieriger!

Das Spiel:

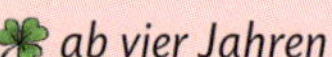

- *ab vier Jahren*
- *ab drei Kinder*
- *etwa fünf bis zehn Minuten*
- *drinnen*
- *Zeitungspapier, Musik*

So wird gespielt:

Zuerst wird jemand als Spielleiter bestimmt, der auch Schiedsrichter ist. Am besten ein älteres Kind oder ein Erwachsener. Jeder Mitspieler bekommt dann einen Doppelbogen Zeitungspapier und legt ihn vor sich auf den Boden. Sobald der Spielleiter die Musik einschaltet, stellt sich jedes Kind auf sein Zeitungspapier und beginnt zu tanzen. Wird die Musik abgeschaltet, hebt jedes Kind sein Zeitungspapier, faltet es einmal und legt es wieder auf den Boden vor sich. Setzt die Musik wieder ein, stellt sich jedes Kind wieder auf sein Papier und tanzt. Spielt die Musik, wird getanzt, setzt sie aus, wird das Papier einmal in der Mitte gefaltet. So geht es immer weiter. Tritt ein Kind beim Tanzen neben das Papier auf den „heißen" Boden, scheidet es aus. Gewonnen hat am Ende der geschickteste Tänzer.

Die Meisterschwinger

Hier kann jedes Kind zeigen, wie gut es mit den Hüften schwingen kann.

Das Spiel:

- *ab sechs Jahren*
- *ab fünf Kinder*
- *etwa fünf Minuten pro Kind*
- *draußen*
- *lange Schnur, Flasche, Kartoffeln, Stift, Kugelschreiber, leichter Gummiball*

So wird gespielt:

Zuerst wählt ihr aus, wer anfangen darf und wer danach dran ist. Beim ersten Kind wird dann das eine Ende der Schnur am Hosenbund festgeknotet, das andere Ende um eine Kartoffel gewickelt. Ihr müsst dabei aber darauf achten, dass die Schnur schön festsitzt und die Kartoffel nicht entwischen kann. Achtet dabei darauf, dass die Schnur so lang ist, dass die Kartoffel etwa in Höhe des Fußknöchels schwingt. An die Startlinie wird jetzt der Gummiball gelegt und das erste Kind muss versuchen, die Kartoffel so schwingen zu lassen, dass sie gegen den Ball prallt und ihn vorwärts bewegt. Die Strecke sollte dabei nicht zu lang sein, steckt die Ziellinie also etwa fünf bis zehn Meter von der Startlinie entfernt ab.

Den Ball mit den Füßen zu kicken oder gar mit den Händen zu berühren, ist selbstverständlich streng verboten. Wer's trotzdem

tut, muss noch einmal von vorne anfangen. Ihr könnt dabei auch die Zeit stoppen, die jedes Kind gebraucht hat.
Statt mit einer Kartoffel und einem Ball könnt ihr euren guten Hüftschwung auch mit Hilfe einer leeren Flasche und einem Stift unter Beweis stellen. Wie im anderen Beispiel wird das eine Ende des Bindfadens wieder an der Hose befestigt, am anderen Ende aber statt der Kartoffel ein Kugelschreiber. Achtet darauf, dass die Schnur so lang ist, dass das obere Ende des Kugelschreibers ungefähr auf gleicher Höhe mit der Flaschenöffnung ist. Klar, dass die Flasche aufrecht stehen muss. Ziel ist es, durch gekonntes Hüfteschwingen den Kugelschreiber etwas in die Höhe zu bringen und ihn dann zielgenau in den Flaschenhals zu bugsieren.

Erzähl' mir was!

Das Spiel:

- *ab fünf Jahren*
- *fünf und mehr Kinder*
- *etwa fünf bis zehn Minuten*
- *drinnen*
- *kleinere und größere Gegenstände, Spielsachen*

So wird gespielt:

Mehrere Gegenstände werden auf den Tisch gelegt. Die Kinder stellen sich etwas abseits vom Tisch. So, dass jedes die Gegenstände auf dem Tisch gut sehen kann. Ein älteres Kind oder ein Erwachsener sollte die Rolle des Geschichtenerzählers übernehmen. Der Geschichtenerzähler hat die Aufgabe, sich anhand der Gegenstände auf dem Tisch eine Geschichte auszudenken. Wenn es so weit ist, fängt er an, seine Geschichte zu erzählen. Sobald darin einer der auf dem Tisch liegenden Gegenstände vorkommt, laufen alle Kinder schnell zum Tisch und versuchen, sich den Gegenstand zu schnappen. Aber darum streiten ist verboten! Haben zwei Kinder den Gegenstand gleichzeitig erwischt, muss er wieder hingelegt werden. Spielen viele Kinder mit, sollten sie in zwei Gruppen eingeteilt werden. Sobald ein Gegenstand auf dem Tisch in der Geschichte genannt wird, muss dann schnell „Stopp!" gerufen werden.
Die Gruppe, die als erstes reagiert, bekommt dann einen Punkt gutgeschrieben.

Bei diesem Spiel kommt es darauf an, gut aufzupassen und schnell zu reagieren.

Finde die Murmel!

Bei diesem Spiel kommt es auf zwei Dinge an: Konzentration und ein gutes Fingerspitzengefühl.

Das Spiel:

- *ab fünf Jahren*
- *beliebig viele Kinder*
- *die Zeit dürft ihr bestimmen*
- *drinnen oder draußen*
- *große, kleine, runde, eckige Dinge, Glaskugeln, ein Korb oder Sack, eine Augenbinde*

So wird gespielt:

Alle Gegenstände, außer den Glasmurmeln, werden in einen Korb oder einen Sack gelegt und gut durchgemischt. Dann werden einem Kind die Augen verbunden. Anschließend durchmischt ihr die Gegenstände noch einmal ordentlich und legt dann eine Glasmurmel dazu. Wichtig ist dabei, dass viele Gegenstände an eine Murmel erinnern, also möglichst rund und nicht zu groß sein sollten (wie z.B. Steine, Kastanien, Erbsen, Holz-Bausteine, Scheiben). Dann darf das Kind mit den verbundenen Augen nach der Glasmurmel suchen. Um es spannender zu machen, könnt ihr vorher eine bestimmte Zeit festlegen. Zum Beispiel darf das Kind nur zwei oder drei Minuten die Gegenstände befühlen. Wer in dieser Zeit eine Glasmurmel findet, darf sie als Belohnung behalten. Anschließend ist dann das nächste Kind dran. Statt einer Kugel kann man auch Bonbons suchen lassen.

Blinzeln

Das Spiel:

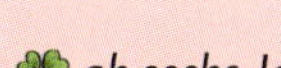

- *ab sechs Jahren*
- *ab fünf Kinder*
- *etwa zehn Minuten*
- *drinnen*
- *keines*

So wird gespielt:

Jedes Kind sucht sich einen Partner. Nur ein Kind bleibt allein. Dann wird ein Stuhlkreis gebildet, wobei von den Paaren das eine Kind auf dem Stuhl sitzt und das andere dahinter steht. Das „Alleinkind" steht ebenfalls hinter einem allerdings leeren Stuhl und versucht nun, die Aufmerksamkeit eines der Kinder, die auf den Stühlen sitzen, zu erregen. Wenn es das geschafft hat, muss das angeblinzelte Kind schnell aufspringen und sich auf den freien Stuhl setzen. Der Partner, der hinter dem Stuhl steht, versucht, dies natürlich zu verhindern, indem er dem vor ihm sitzenden Kind schnell die Hand auf die Schulter legt, bevor dieses aufspringen und weglaufen kann.

Sind nicht genügend Stühle vorhanden, kann man das Spiel auch im Stehen spielen. Dazu gehen dann die Kinder, die sonst auf den Stühlen sitzen würden, in die Hocke.

Hier sollte man gut aufpassen und rechtzeitig reagieren. Sonst ist der Partner ruckzuck weg.

Wer rollt am besten?

Das Spiel:

- *ab acht Jahren*
- *ab vier Kinder*
- *fünf Minuten*
- *draußen*
- *keines*

So wird gespielt:

Zuerst wird eine Strecke mit Start und Ziel festgelegt. Sucht dafür etwas Weiches, wie zum Beispiel einen Rasen. Achtet auch darauf, dass auf dem Rasen nichts herumliegt, an dem man sich verletzen könnte.

Zwei möglichst gleich große und gleiche schwere Kinder bilden jeweils ein Paar. An der Startlinie legt sich einer aus dem Team der Länge nach auf den Rücken. Und zwar so, dass er seitlich zur Startlinie Richtung Ziel liegt. Der andere legt sich bäuchlings auf seinen Partner drauf. Dann umschlingen sich beide, der eine beim anderen um den Hals, der andere um die Taille. Dann versuchen beide, durch Herumrollen so schnell wie möglich vorwärts zu kommen. Bei mehreren Kindern können auch Paare gegeneinander antreten. Gewonnen hat – natürlich – das Team, das zuerst über die Ziellinie geht … nein, natürlich rollt.

Hier geht es so richtig rund – und Teamarbeit ist gefragt. Und: Für dieses Spiel solltet ihr nicht gerade eure neuesten und schönsten Sachen anhaben und vielleicht auch keine Brille.

Knie, Nase, Ohr

Dieses kleine Spiel sieht so einfach aus – das kann doch bestimmt jeder!

Das Spiel:

- *ab acht Jahren*
- *ab zwei Kinder*
- *zwei Minuten*
- *drinnen oder draußen*
- *keines*

So wird gespielt:

Am besten setzt man sich dazu auf einen Stuhl. Dann schlägt man mit beiden Handflächen gleichzeitig auf die Knie und fasst sich danach mit der rechten Hand an die Nase und mit der linken Hand ans rechte Ohr. Anschließend schlägt man wieder mit den Handflächen auf die Knie, diesmal aber zweimal und fasst sich anschließend mit der linken Hand an die Nase und mit der rechten Hand ans linke Ohr.

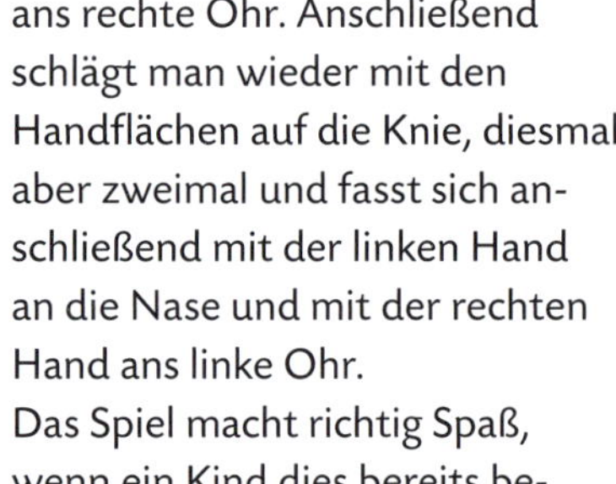

Das Spiel macht richtig Spaß, wenn ein Kind dies bereits beherrscht und es einem anderen Kind zeigt, das ihm gegenüber sitzt. Das Spiel sieht zwar ganz einfach aus, aber am Anfang ist niemand in der Lage, es sofort fehlerfrei nachzumachen.

Dosenwerfen

Mit einem Wurf alle Dosen abräumen, wer schafft's?

Das Spiel:

- *ab sechs Jahren*
- *ab zwei Kinder*
- *fünf Minuten*
- *draußen*
- *zehn leere Dosen, Tennisball, Tisch*

So wird gespielt:

Als Erstes braucht ihr zehn leere Dosen. Die stellt ihr auf einen Tisch in drei Reihen übereinander. Unten stehen vier, in der zweiten Reihe drei, dann zwei und oben eine. Zieht ungefähr zwei Meter davon entfernt einen Strich, hinter den sich das erste Kind stellt und mit dem Ball auf die Dosen wirft. Jedes Kind hat drei Versuche. Es muss die Dosen nicht vom Tisch werfen, sie sollten aber umfallen. Gelingt das einem Kind mit drei Versuchen, bekommt es acht Punkte. Je nachdem, wie viele Dosen jedoch stehen bleiben, wird pro Dose ein Punkt abgezogen. Bleibt also zum Beispiel eine Dose stehen, bekommt das Kind nur sieben Punkte. Gelingt es einem Kind aber, gleich mit dem ersten Wurf alle Dosen abzuräumen, gibt es zehn Punkte!

Reihum sind alle Kinder dran und die Punkte werden notiert. Ihr könnt mehrere Runde spielen, gewonnen hat am Ende das Kind mit den meisten Punkten.

Fadentennis

Das Spiel:

- ab sieben Jahren
- wenigstens zwei Kinder
- fünf Minuten
- drinnen
- Wollfaden, Tischtennisball

So wird gespielt:

Ein etwa 1,5 m langer Wollfaden wird zusammengebunden. Zwei Spieler halten den Faden straff, indem sie sich die Schlaufen über den Finger legen. Dann sollten die beiden Fäden parallel eng aneinander liegen. Auf die Fäden wird ein Tischtennisball gelegt, den die beiden Spieler nun hin- und herrollen lassen. Gewonnen haben am Ende die Spieler, die den Ball am längsten rollen lassen können.

Hier müsst ihr gut zusammenarbeiten, sonst fällt der Ball schnell herunter.

Kickern

Das Spiel:

- ab acht Jahren
- zwei Kinder
- fünf bis zehn Minuten
- drinnen oder draußen
- Kronkorken, Damesteine, Steine, Münzen

So wird gespielt:

Sucht euch zunächst eine möglichst glatte Spielfläche. Zum Beispiel einen asphaltierten Weg – oder in der Wohnung einen Parkett- oder Steinfußboden. Die Spielfläche sollte eine Größe von wenigstens einem Meter Breite und drei Metern Länge haben. Die Tore könnt ihr durch Striche markieren, ihr könnt es aber auch mit eurer Hand darstellen, indem ihr eine Faust macht, sie auf dem Boden abstützt und dann den kleinen und den Zeigefinger nach vorne ausstreckt.

Um mit dem Spiel zu beginnen, lost ihr wie beim richtigen Fußball aus, wer die Seitenwahl gewinnt. Der andere Spieler darf dann anstoßen. Dazu lässt er vor seinem Tor die drei Spiel-Steine fallen. Das Ziel ist es nun, mit dem abgekrümmten Zeigefinger den mittleren Stein zwischen den beiden anderen hindurchzuschnippen. Gelingt das, ist man noch mal am Zug. So lange, bis man auf diese Weise ein Tor erzielt hat oder der mittlere Stein nicht zwischen den beiden anderen hindurchgleitet. Schafft man es jedoch nicht, den mittleren Stein zwischen den beiden anderen hindurchzuspielen, ist der Gegner am Zug. Das gilt auch, wenn man nicht in Richtung Tor spielt oder einer der Steine im „Aus" landet. Selbstverständlich ist der Gegner auch dann am Zug, wenn man ein Tor erzielt hat.

Bei diesem Fußballspiel braucht ihr keinen Ball!

Die Symbole

- = *Alter*
- = *Mitspieler*
- = *Dauer*
- = *Ort*
- = *Material*

Rollenspiele

In die Rolle anderer zu schlüpfen, zu einem Erwachsenen, einem Star oder einer Märchenfigur zu werden – das fasziniert Kinder immer wieder aufs Neue. Schließlich lernen sie so, auf spielerische Art und Weise ihre Welt zu entdecken und zu verstehen.

Besucher vom fremden Stern

Wer kann am besten etwas beschreiben, ohne dabei dessen Namen zu verraten?

Das Spiel:

- *ab sechs Jahren*
- *ab drei Kinder*
- *etwa 15 Minuten*
- *drinnen*
- *Fotos, Zeichnungen, Abbildungen von Gegenständen, die Kinder gut beschreiben können*

So wird gespielt:

Ein Außerirdischer hat der Erde einen Besuch abgestattet und ist nun wieder nach Hause zurückgekehrt. Klar, dass die dortigen Aliens furchtbar neugierig sind und alles ganz genau wissen wollen. Da der kleine Erdenbesucher leider ziemlich vergesslich ist und nicht mehr weiß, wie die Erdlinge die Dinge nennen, kann er sie nur beschreiben. Als kleine Gedankenstütze darf er sich dazu, aber ohne dass die anderen Kinder sehen, was es ist (!), die Abbildung des Gegenstandes anschauen, den er beschreiben soll.

Da wäre zum Beispiel ein Bus: Die Erdlinge, erzählt das Besucher-Alien, haben große Gegenstände, an denen sich große, runde, schwarze Walzen befinden. Damit kann sich das gesuchte Ding, das ich meine, sehr schnell vorwärts bewegen. Drinnen sitzt ein Pilot und hinter dem Piloten stehen und sitzen manchmal ganz viele Erdlinge. Manchmal ist das Ding aber auch leer – bis auf den Piloten. Das Ding fährt schnell durch die Gegend, aber manchmal hält es auch an. Dann können die Erdlinge aussteigen und lassen andere Erdlinge einsteigen.

Das Kind, das als erstes rät, worum es sich bei dem gesuchten Ding handelt, darf der nächste Außerirdische sein.

Im Museum

Das Spiel:

- *ab sechs Jahren*
- *wenigstens sechs Kinder*
- *etwa 15 Minuten*
- *drinnen*
- *alte Kleidung, Stoff, Mützen, Halstücher*

So wird gespielt:

Immer zwei Kinder spielen zusammen. Das eine ist der „Künstler" und das andere das „Kunstwerk". Die beiden sprechen ab, was dargestellt werden soll, dann bringt der „Künstler" sein „Kunstwerk" in Position: Hebt zum Beispiel einen Arm etwas an, stellt ein Bein vor, hebt den Kopf ...
Dazu kann dann auch etwas angezogen oder aufgesetzt werden. Wenn alle Künstler ihr Werk vollendet haben, schauen sie sich alle Kunstwerke an und es darf geraten werden, was sie darstellen. Wird die Lösung genannt, darf das „Kunstwerk" zum Leben erwachen und sich bewegen. Wenn ihr dann noch Lust habt, könnt ihr noch eine weitere Runde spielen. Diesmal dürfen die „Kunstwerke" sich als „Künstler" beweisen.

Was mag das Standbild wohl darstellen? fragen sich alle Museumsbesucher und sich ganz überrascht, wenn die Kunstwerke plötzlich zum Leben erwachen.

Was kann man als Bildhauer alles formen? Hier ein paar Vorschläge:

- Ein Speerwerfer
- Auf den Zug warten
- Nachdenken
- Fan im Fußballstadion
- An der Schultafel

Leute raten

Das Spiel:

- *ab sieben Jahren*
- *drei Kinder und mehr*
- *zwei bis drei Minuten*
- *drinnen*
- *keines*

So wird gespielt:

Für dieses Spiel solltet ihr einen Spielleiter haben, der euch beraten kann. Ein Kind geht mit dem Spielleiter aus dem Raum und überlegt, wen man nachmachen könnte. Die Person sollten aber alle Kinder kennen, weil einigen sonst das Raten wahrscheinlich keinen Spaß macht. Anschließend geht der Spielleiter zu den Kindern und kündigt die Vorstellung an. Dazu gibt er einen Tipp wie zum Beispiel „Diesen Lehrer kennt ihr alle" oder: „Dieses Kind ist hier im Raum."
Dann kommt das Kind herein und ahmt den Gesuchten nach. Wenn die Vorstellung zu Ende ist, dürfen die Kinder raten.
Wenn keines sofort auf die Lösung kommt, kann das Kind noch einmal seine Nachahmung zeigen oder der Spielleiter gibt einen weiteren Tipp.

Als Rolle kommt alles in Frage, was alle Kinder kennen: Lehrer, Nachbarn, Sport-, Pop- und Filmstars, Märchenfiguren.

Der gestiefelte Kater? Die Lehrerin? Ein Popstar? Hier können Kinder zeigen, wie gut sie andere nachahmen.

Mit Speck fängt man Mäuse

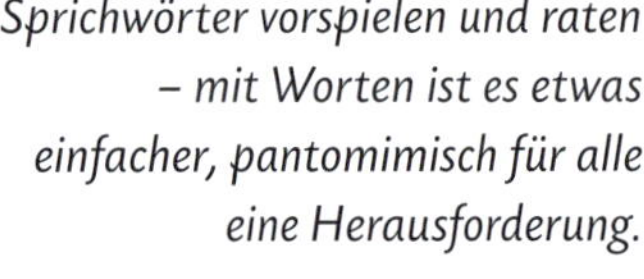

Sprichwörter vorspielen und raten – mit Worten ist es etwas einfacher, pantomimisch für alle eine Herausforderung.

Das Spiel:

- *ab neun Jahren*
- *ab fünf Kinder*
- *zehn Minuten*
- *drinnen*
- *eventuell Requisiten, Kleidung*

So wird gespielt:

Ein, zwei oder drei Kinder gehen aus dem Zimmer und beraten sich, welches Sprichwort, welche Redewendung oder Lebensweisheit sie aufführen wollen. Dabei sollten sie auch überlegen, ob sie stumm sind oder sprechen dürfen. Wenn sie ihre Aufführung vorbereitet haben, gehen sie wieder ins Zimmer und fangen an. Zum Beispiel wollen sie das

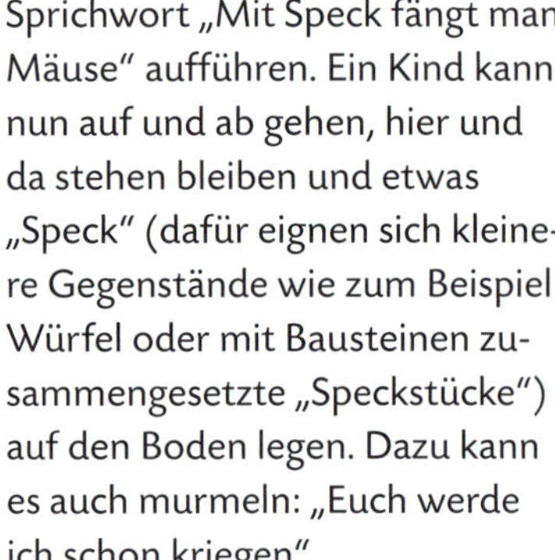

Sprichwort „Mit Speck fängt man Mäuse" aufführen. Ein Kind kann nun auf und ab gehen, hier und da stehen bleiben und etwas „Speck" (dafür eignen sich kleinere Gegenstände wie zum Beispiel Würfel oder mit Bausteinen zusammengesetzte „Speckstücke") auf den Boden legen. Dazu kann es auch murmeln: „Euch werde ich schon kriegen".
Währenddessen sitzen die beiden anderen Kinder in einer Ecke und schauen zu. Wenn das erste Kind dann zur Seite geht, kommen die beiden kleinen Mäuschen hervor, schauen sich um und nähern sich vorsichtig den ausgelegten Ködern, beugen sich über sie. Dann kann das erste Kind schnell hervortreten und eines der Mäuschen am Kragen packen und „abführen".
Wenn die Kinder erraten haben, was vorgeführt wurde, ist die Runde zu Ende und andere dürfen sich etwas ausdenken und vorspielen.

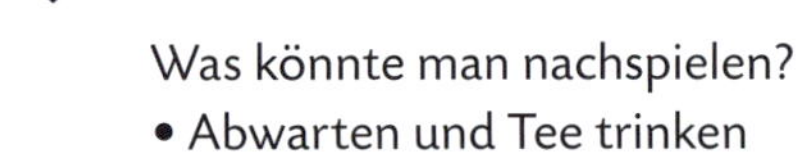

Was könnte man nachspielen?

- Abwarten und Tee trinken
- Aus den Augen, aus dem Sinn
- Für jeden Topf gibt es einen passenden Deckel
- Messer, Gabel, Schere, Licht, sind für kleine Kinder nicht
- Reisende soll man nicht aufhalten
- Unter Blinden ist der Einäugige König
- Zusammen sind wir stark

Scharade

Das Spiel:

- *ab acht Jahren*
- *beliebig viele Kinder*
- *etwa fünf Minuten pro Runde*
- *drinnen oder draußen*
- *keines*

So wird gespielt:

Zuerst wird ein Spielleiter gewählt oder ein Erwachsener übernimmt die Rolle. Der Spielleiter gibt dann ein Thema vor, zum Beispiel „Märchen". Dann wird ein Kind ausgesucht, das sich eine Märchenfigur ausdenken darf. Anschließend stellt es diese Figur pantomimisch dar, zum Beispiel wenn der gestiefelte Kater einen Sack voller Rebhühner nach Hause schleppt oder Rapunzel sein langes Haar herunterhängen lässt. Dann müssen die Kinder raten, was dargestellt wird. Das Kind, das die Pantomime vorführt, darf Tipps geben, aber nur pantomimisch. Denn Reden ist bei der Scharade streng verboten!

Die Symbole

- *= Alter*
- *= Mitspieler*
- *= Dauer*
- *= Ort*
- *= Material*

Manchmal sagt schon eine kleine Geste mehr als tausend Worte.

Wahrheit oder Pflicht?

Der Reiz dieses Spieleklassiker liegt in der Qual der Wahl: Die Wahrheit sagen oder lieber tun, was verlangt wird?

Das Spiel:

- *ab acht Jahren*
- *ab vier Kinder*
- *etwa 30 Minuten*
- *drinnen oder draußen*
- *eine leere Flasche*

So wird gespielt:

Zuerst wird jemand ausgewählt, der als erster die Flasche drehen darf. Dann setzen sich alle Kinder im Kreis, das ausgewählte Kind mit der Flasche kommt in die Mitte. Dann dreht das Kind die Flasche. Wenn die Flasche auf eines der Kinder zeigt, fragt das Kind in der Mitte: „Wahrheit oder Pflicht?" Das angesprochene Kind muss sich nun dafür entscheiden, ob es auf eine Frage mit der Wahrheit antworten wird oder lieber eine Aufgabe erfüllen möchte.
Fragen können zum Beispiel so harmlos sein wie „Wie heißt dein Lieblingssportler?" oder „Was ist dein bestes Fach in der Schule?" Natürlich können die Fragen auch etwas kitzliger sein wie „Wen liebst du?" oder „Hast du im Kaufhaus schon mal was mitgehen lassen?"
Wer sich also nicht auf solche Fragen einlassen will, der kann sich auch für „Pflicht" entscheiden. Da können dann Aufgaben lauern wie „Mach zehn Kniebeugen" oder „Küss deine Nachbarin". Wer nicht richtig antwortet oder seine Aufgabe nicht erfüllt, muss ein Pfand abgeben. Dafür darf er dann aber in der nächsten Runde die Flasche drehen.

Variante:

Bei schon etwas älteren Kindern kann es bei diesem Spiel schon mal vorkommen, dass es eine ganz eigene Dynamik entwickelt und die Emotionen hochschlagen. Damit die Runde ihren fröhlich-entspannten Charakter behält, können Sie auch Karten mit Fragen und Aufgaben vorbereiten.

Was bin ich?

Das Spiel:

ab zehn Jahren
ab sechs Kinder
fünf bis zehn Minuten pro Runde
drinnen
keines

So wird gespielt:

Ein Kind wird zum Spielleiter ernannt und ein zweites benannt, das sich einen Beruf aussuchen darf. Den flüstert es dann dem Spielleiter ins Ohr. Beispielsweise hat sich das Kind den Beruf „Bäcker" ausgesucht. Der Spielleiter gibt dann einen Tipp, zum Beispiel kann er sagen: „Bennys Beruf ist ein Handwerk." Dann macht das Kind noch eine für seinen Beruf typische Handbewegung und die anderen Kinder dürfen reihum eine Frage stellen. Die Frage muss aber so gestellt werden, dass sie mit „Ja" oder „Nein" beantwortet werden kann. Bei der Antwort „Ja" darf das Kind weiterfragen oder ans nächste Kind übergeben. Beim „Nein" notiert der Spielleiter einen Strich.

Wird eine Frage gestellt, die sich nicht eindeutig mit „Ja" oder „Nein" beantworten lässt, muss das Kind sich eine neue Frage überlegen oder eine andere Formulierung wählen.

Wenn nach zehnmal „Nein" der Beruf nicht geraten wurde, hat das Kind gewonnen und darf seinen Beruf nennen. Dann ist ein anderes Kind dran. Errät ein Kind vor dem zehnten „Nein" den Beruf, darf es als Nächstes fragen: „Was bin ich?"

Die Symbole

= Alter
= Mitspieler
= Dauer
= Ort
= Material

Schattentheater macht Spaß – vor allem Spaßvögeln, die andere gern auf den Holzweg locken.

Was mag der Schatten meinen?

Das Spiel:

- *ab sechs Jahren*
- *beliebig viele Kinder*
- *etwa 30 Minuten*
- *drinnen*
- *eine Lampe, ein Bettlaken*

So wird gespielt:

Ein Bettlaken wird zum Beispiel in einer Tür aufgespannt. Hinter das Laken mit etwas Abstand eine helle Lampe stellen. Zwischen Lampe und Bettlaken stellt sich dann ein Kind und spielt etwas vor. Anhand des Schattens sollen die Kinder auf der anderen Seite erraten, worum es sich dabei handelt. Das Kind hinter dem Laken muss schweigen, darf aber pantomimische Hinweise geben, wenn die ratenden Kinder auf der richtigen Spur sind.

Viel Spaß macht auch diese Variante:

Die Kinder werden in zwei Gruppen eingeteilt. Ein Kind der einen Gruppe steht hinter dem Laken, die Kinder der anderen Gruppe müssen dann raten, um wen es sich dabei handelt. Natürlich darf das Kind hinter dem Laken etwas „tricksen", damit es nicht allzu einfach ist.

Sag mir, was wir spielen ...

Rollenspiel einmal anders herum. Hier spielen alle bis auf ein Kind. Das muss herausfinden, worum es geht.

Das Spiel:

- *ab acht Jahren*
- *ab sechs Kinder*
- *drei bis fünf Minuten*
- *drinnen*
- *keines*

So wird gespielt:

Als Erstes wird ein Kind bestimmt, das rausgehen muss. Dann beraten die anderen Kinder, was sie vorspielen wollen. Zum Beispiel eine Unterrichtsstunde in der Schule: Der Lehrer ruft ein Kind an die Tafel, das dort eine Aufgabe lösen muss. Oder ein Besuch im Zoo, wo die Kinder zu einem Gehege gehen und die Tiere beobachten oder so tun, als würden sie auf einem Elefanten reiten. Oder Zuschauen bei einem Fußballspiel, der Jubel über ein Tor, das Schimpfen nach einer Entscheidung des Schiedsrichters gegen die eigene Mannschaft. Oder zu Hause Fernsehen mit den Eltern und Geschwistern. Der Vater will die Nachrichten gucken, Mutter telefoniert, die Kinder streiten sich.

Wenn die Aufführung vorbei ist, muss das Kind raten, was es da gerade gesehen hat. Hat es richtig geraten, darf es das nächste Kind bestimmen, das rausgehen muss, während sich die anderen eine neue Szene ausdenken.

Hier noch ein paar weitere Ideen: Besuch eines Konzertes, Musikaufführung in der Schulaula, Einkaufen mit Mama und Papa, im Urlaub am Strand spielen, arbeiten im Büro.

Ratespiele

Im Lösen von Rätseln entfalten Kinder ihre Fantasie, Kreativität und probieren ihr Wissen aus. Da dauert es dann auch nicht mehr lange, bis sie ihre eigenen Rätsel erfinden und zum Besten geben.

Bauer, Ziege, Wolf und Kohl

Alle vier müssen über den Fluss – aber im Boot ist immer nur Platz für zwei. Eine knifflige Aufgabe ...

Das Spiel:

- *ab neun Jahren*
- *ab zwei Kinder*
- *fünf Minuten*
- *drinnen*
- *keines*

So wird gespielt:

Einst war ein Bauer mit seiner Ziege, Kohlköpfen und einem zahmen Wolf unterwegs. Da kam er an einen Fluss, an dessen Ufer ein kleines Ruderboot lag. In dem Boot war jedoch nur für den Bauern und entweder den Wolf, die Ziege oder die Kohlköpfe Platz. Da fing der Bauer an zu überlegen, wie er alle unbeschadet über den Fluss bringen könnte. Denn wenn er Ziege und Wolf allein ließ, würde der Wolf die Ziege fressen. Nahm er aber den Wolf mit und ließ Ziege und Kohl zurück, würde sich die Ziege über den Kohl hermachen. Wie ging der Bauer also vor, damit alle zusammen auf der anderen Seite des Flusses ihre Reise fortsetzen konnten?

Hier die Lösung:

Als Erstes nimmt der Bauer die Ziege mit, weil der Wolf keinen Kohl frisst. Dann rudert der Bauer zurück und holt den Kohl. Auf dem Rückweg nimmt er dann die Ziege mit, damit die nicht mit dem Kohl allein bleibt.
Dann lädt der Bauer die Ziege aus und rudert den Wolf über den Fluss, der beim Kohl bleibt.
Zuletzt bringt der Bauer die Ziege über den Fluss und alle können schließlich unbeschadet ihre Reise fortsetzen.

Die Symbole
- 🍀 = *Alter*
- 🧸 = *Mitspieler*
- ⚽ = *Dauer*
- ☾ = *Ort*
- 🎐 = *Material*

Denkmäler raten

Das Spiel:

- *ab sechs Jahren*
- *ab vier Kinder*
- *fünf bis zehn Minuten pro Runde*
- *drinnen*
- *Tuch, um die Augen zu verbinden, Musik*

Bei vielen Dingen verlassen wir uns auf unsere Augen. Aber wie ist es, wenn wir statt zu sehen nur tasten können?

So wird gespielt:

Ein Kind wird ausgewählt, dann verbindet ihr ihm die Augen und führt es aus dem Zimmer.
Anschließend wählt ihr ein weiteres Kind aus. Das darf nun zur Musik im Zimmer tanzen. Wird die Musik abgeschaltet, muss das Kind in seiner Bewegung innehalten und darf sich nicht mehr bewegen.
Dann wird das erste Kind wieder ins Zimmer geführt und darf nun das „erstarrte" Kind für 30 bis 60 Sekunden befühlen. Anschließend muss es die Pose möglichst genau nachahmen. Dann wird dem Kind die Binde abgenommen und die anderen Kinder dürfen als Jury die beiden Posen vergleichen. Das kann ganz schön lustig aussehen und vielleicht habt ihr ja auch Lust, die beiden „Denkkmäler" zu fotografieren.

Spaß macht auch diese Variante:

Um das Ganze noch schwerer zu machen, könnt ihr auch die Aufgabe stellen, nicht nur die Pose mit den Händen zu erraten, sondern auch noch den Namen des darstellenden Kindes zu nennen.
Die Jury kann dabei Punkte von eins bis zehn vergeben.

1, 2, 3... wer steht hinter mir?

Hör aufmerksam zu, dann fällt es dir leicht, auch eine verstellte Stimme zu erkennen.

Das Spiel:

- *ab fünf Jahren*
- *ab fünf Kinder*
- *etwa fünf Minuten*
- *drinnen*
- *keines*

So wird gespielt:

Ein Kind wird ausgewählt und hält sich die Augen zu. Dann tritt ein anderes Kinder hinter das Kind und fragt mit verstellter Stimme: „Eins, zwei, drei ... wer steht hinter dir?" Das Kind kann jetzt sofort antworten, wenn es glaubt, die Antwort zu wissen, oder darf noch Fragen über das andere Kind stellen. Zum Beispiel: „Hast du blonde Haare?" Diese Fragen müssen dann die anderen Kinder beantworten. Das ausgewählte Kind darf maximal drei Fragen stellen, dann muss es einen Namen nennen. Wenn es richtig rät, muss das andere Kind raten. Wenn das ausgewählte Kind einen falschen Namen nennt, muss es noch einmal raten.

Wer es dreimal nicht schafft, den richtigen Namen zu nennen, scheidet aus.

Ich sehe was, was du nicht siehst

Bei diesem Spiel können auch schon die Kleineren mitmachen, wenn sie etwas Hilfe bekommen.

Das Spiel:

- *ab fünf Jahren*
- *ab zwei Kinder*
- *zwei bis drei Minuten*
- *drinnen oder draußen*
- *keines*

So wird gespielt:

Ein Kind wird ausgewählt und schaut sich nach etwas um. Dann sagt es: „Ich sehe was, was du nicht siehst ... und das ist blau!" Nacheinander dürfen jetzt alle Kinder raten, was gemeint ist. Ist es die Jacke eines Kindes? Oder ein Buchrücken im Regal? Auf die Fragen darf das ausgewählte Kind nur mit „Ja" oder „Nein" antworten. Sind jüngere Kinder in der Runde dabei, kann das Rätsel in der nächsten Runde etwas einfacher gemacht werden, indem eine weitere Eigenschaft verraten wird: „Ich sehe was, was du nicht siehst ... und das ist blau und viereckig!" Wer den gesuchten Gegenstand errät, hat gewonnen und darf in der nächsten Runde etwas sehen, was die anderen erraten müssen.

Kinderraten

Das Spiel:

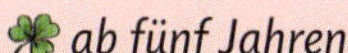

ab fünf Jahren
ab fünf Kinder
etwa zehn Minuten
drinnen oder draußen
Augenbinde

So wird gespielt:

Die Kinder stellen sich im Kreis auf. Anschließend wird ein Kind ausgewählt und in den Kreis geführt. Hier darf es sich alle Kinder anschauen. Dann werden dem Kind die Augen verbunden. Damit es ein wenig die Orientierung verliert, wird es anschließend ein paar Mal um seine Achse gedreht. Inzwischen können die anderen Kinder ganz leise ihre Positionen tauschen. Anschließend führt ein Kind das Kind mit den verbundenen Augen zu einem der anderen Kinder hin. Es darf jetzt das andere Kind mit den Händen betasten, um herauszufinden, wer es ist. Weiß das Kind die richtige Antwort, darf es zum nächsten Kind weiter und wieder mit den Händen raten. Solange das Kind richtig rät, darf es immer weitermachen, bis es einmal rum ist. Dann ist das nächste Kind dran.

Sich auf Hände zu verlassen, wenn man nichts sehen kann, ist manchmal gar nicht so einfach.

Das verbotene Gummibärchen

Das Spiel:

ab fünf Jahren
ab fünf Kinder
eine bis fünf Minuten pro Runde
drinnen
ein Teller, Gummibärchen

So wird gespielt:

Alle Kinder setzen sich an einen Tisch. Darauf steht ein Teller, auf dem 20 bunte Gummibärchen liegen. Dann wird eines der Kinder als „Gummibärchenjäger" ausgewählt. Dieses Kind muss sich nun wegdrehen und sich mit den Händen die Augen zuhalten oder zubinden. Dann tippt sein linker Nachbar auf das verbotene Gummibärchen. Anschließend darf sich der Gummibärchenjäger wieder umdrehen und so lange Bärchen vom Teller nehmen, bis er das verbotene Gummibärchen anfasst. Wenn das geschieht, rufen alle anderen Kinder schnell: „Stopp! Dieses Gummibärchen ist verboten!" Alle bisher eingesammelten Bärchen darf der Jäger natürlich behalten. Die fehlende Zahl an Bärchen wird ergänzt und der nächste Spieler darf ran, sobald ein neues, verbotenes Gummibärchen ausgewählt worden ist.

Es geht um ein ganz spezielles Gummibärchen. Je später ihr es findet, umso mehr Gummibärchen dürft ihr behalten.

Märchenraten

Das Spiel:

Jedes Kind liebt Märchen – und kennt oft die erstaunlichsten Details ganz genau.

- *ab acht Jahren*
- *ab fünf Kinder*
- *etwa zehn Minuten*
- *drinnen oder draußen*
- *keines*

So wird gespielt:

Ein Kind wird hinausgeschickt, die anderen Kinder beraten, welches Märchen das hinausgeschickte Kind erraten soll. Dann wird das hinausgeschickte Kind wieder hereingeholt und stellt sich vor dem ersten Kind auf. Dieses Kind beginnt mit einem ganz allgemeinen Hinweis, zum Beispiel: „Das Märchen, das ich meine, spielt im Wald." Dann ist das nächste Kind mit einem Hinweis an der Reihe, zum Beispiel: „Das Märchen, das ich meine, erzählt von einer Frau mit langen Haaren." Manche wissen vielleicht jetzt schon, dass es bei diesem Rätsel um „Rapunzel" geht. Reihum werden immer mehr Hinweise gegeben, bis das Kind schließlich das Märchen erraten hat. Das Kind, das den letzten Hinweis gegeben hat, darf dann als nächstes raten. Wenn ihr mögt, könnt ihr auch bei jedem Kind mitzählen, wie viele Versuche es benötigt hat.

Mein Teekesselchen

Das Spiel:

- *ab acht Jahren*
- *vier bis zwölf Kinder*
- *etwa fünf Minuten pro Spiel*
- *drinnen*
- *keine*

So wird gespielt:

Zuerst werden zwei Kinder ausgewählt. Sie überlegen sich, ohne dass es die anderen mitbekommen, einen Begriff. Wichtig dabei ist, dass der Begriff mehrere Bedeutungen haben kann wie z.B. Bienenstich. Bei einem Bienenstich kann es sich sowohl um einen Kuchen, als auch um einen Insektenstich handeln. Oder Drucker: Damit kann sowohl der Beruf als auch der Drucker am Computer gemeint sein. Oder Weide: Damit kann sowohl der Baum als auch die Wiese, auf der das Vieh weidet, gemeint sein. Angenommen, die beiden haben den Begriff „Bienenstich" gewählt. Dann stellen sie sich vor die anderen und fangen an zu erklären.

Das erste Kind sagt: „Mein Teekesselchen schmeckt süß."

Das andere Kind ergänzt: „Mein Teekesselchen tut weh."

Dann darf jedes der anderen Kinder einmal raten, welcher Begriff gesucht wird. Entdecken sie das Teekesselchen nicht, gibt es den nächsten Hinweis. Errät eines der Kinder das gesuchte Wort, darf es sich einen Mitspieler aussuchen, und die beiden denken sich ein neues Teekesselchen aus.

Hier geht es nicht ums Teetrinken. Das „Teekesselchen" ist in diesem Spiel nur die Umschreibung für einen Begriff, der geraten werden soll.

Wie viele Finger halte ich hoch?

Das Spiel:

- *ab sechs Jahren*
- *ab vier Kinder*
- *etwa eine Minute pro Raterunde*
- *drinnen oder draußen*
- *keines*

So wird gespielt:

Ein Kind wird ausgewählt. Eine Hand hält es auf den Rücken und spreizt einen, mehrere oder auch gar keinen Finger ab. Dann fragt es ein anderes Kind: „Wie viele Finger halte ich hoch?" Rät das andere Kind richtig, darf es als Nächstes ein Kind fragen. Rät es nicht richtig, darf ein anderes Kind raten.

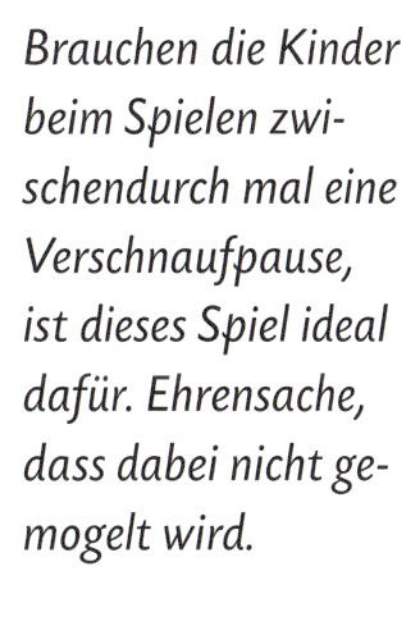

Brauchen die Kinder beim Spielen zwischendurch mal eine Verschnaufpause, ist dieses Spiel ideal dafür. Ehrensache, dass dabei nicht gemogelt wird.

Welcher Mann hat Angst vor der Sonne?

Das Spiel:

- *ab neun Jahren*
- *ab zwei Kinder*
- *drei Minuten*
- *drinnen*
- *keines*

So wird gespielt:

Mit Scherzfragen lassen sich sogar Erwachsene durcheinanderbringen – obwohl die Antwort meistens ganz einfach ist, wenn man sie kennt. Mit etwas Ausprobieren könnt ihr euch auch bestimmt selbst ganz schnell Scherzfragen ausdenken.

Scherzfragen

- Welcher Mann hat Angst vor der Sonne?
- Welches Haus hat keine Fenster?
- Welches Tier hat einen Kamm?
- Welcher Stein raucht?
- Was wiegt mehr: ein Kilo Eisen oder ein Kilo Federn?

- Was spricht alle Sprachen, hat aber keinen Mund?
- Welcher Vogel hat keine Federn?
- Was ist der Unterschied zwischen einem Euro und einem Cent?
- Wer schlüpft aus einem Ei, brütet aber selber nicht?
- Welches Tier springt höher als eine Brücke?
- Wie heißt das stärkste Tier?
- Welche Birne schmeckt nicht?
- Wie lange schlafen Schafe?
- Was fliegt und wird trotzdem festgehalten?
- Was ergibt sieben und sieben?
- Was wächst an der Dachrinne und weint, wenn es verschwindet?
- Mit welchem Besen kann man nicht fegen?
- Was hat Federn und kann doch nicht fliegen?
- Welcher Hut passt auf keinen Kopf?
- Welcher Ring passt an keinen Finger?
- Welche Perle ist der Star im Puppentheater?
- Welcher Garten wird nicht gegossen?

Auflösungen:

Schneemann, Schneckenhaus, Hahn, Schornstein, beides gleich – ein Kilo ist ein Kilo; Echo, Spaßvogel, 99 Cent, Kuckuck, jedes Tier, weil Brücken nicht springen können, Schnecke, sie trägt ihr Haus, Glühbirne, bis sie aufwachen, Drache, feinen Sand, Eiszapfen, Schneebesen, Federbett, Fingerhut, Hering, Kasperle, Kindergarten.

Die Symbole

🍀 = *Alter*
🧸 = *Mitspieler*
◔ = *Dauer*
☾ = *Ort*
✲ = *Material*

Wer geschickt fragt, kriegt es am schnellsten heraus.

Wer bin ich?

Das Spiel:

🍀 *ab sieben Jahren*
🧸 *beliebig viele Kinder*
◔ *etwa zehn Minuten*
☾ *drinnen oder draußen*
✲ *Klebeschildchen, Etiketten*

So wird gespielt:

Jedes Kind bekommt den Namen eines anderen Kindes auf den Rücken geklebt. Durch Fragen an die anderen Kinder versucht nun jeder herauszubekommen, welchen Namen er auf dem Rücken hat. Statt eines Namens wird jedem Kind ein Tierbild auf den Rücken geheftet. Eines oder mehrere andere Kinder machen nun dieses Tier vor und das Kind muss erraten, welches Tierbild es auf dem Rücken hat. Versteht sich von selbst, dass dabei niemand redet oder Tipps gibt.

Auch älteren Kindern macht dieses Spiel noch Spaß. Dann wird aber nicht nach dem Namen oder einem Tier gefragt sondern nach Künstlern, Sportlern oder anderen Prominenten.

Wo bin ich?

Wie mit fantasievoller Umschreibung aus etwas Gewöhnlichem etwas Geheimnisvolles wird.

Das Spiel:

- *ab neun Jahren*
- *beliebig viele Kinder*
- *so lange ihr wollt*
- *drinnen oder draußen*
- *keines*

So wird gespielt:

Am besten sollte bei diesem Spiel ein älteres Kind oder ein Erwachsener mitmachen. Der fängt dann an zu erzählen und beschreibt einen Ort, wie zum Beispiel einen Bahnhof. Zuerst erzählt er etwas Allgemeines darüber, etwa dass es sich um ein großes Gebäude handelt, in das jeden Tag viele Menschen hineingehen und andere herauskommen. Dass dort eine große Uhr hängt, weil auf Pünktlichkeit viel Wert gelegt wird – auch wenn das nicht immer klappt. Dass es dort viele Geschäfte gibt, man dort Fächer mieten kann, in die etwas Wertvolles eingeschlossen wird und so sicher vor möglichen Räubern und Dieben ist.
Nach und nach kann der Erzähler immer konkreter werden. Etwas über eiserne Schienen erzählen, auf denen riesige stählerne Ungetüme fahren, Menschen in blauen Uniformen in Pfeifen pusten und kleine rote oder grüne Schildchen hochhalten, es Anzeigetafeln gibt, auf denen die Namen von weit entfernten Orten stehen.

Das Kind, das als erstes errät, dass es sich (wie in diesem Beispiel) um einen Bahnhof handelt, darf weiter darüber erzählen oder sich einen neuen Ort ausdenken. Wenn es selbst keinen weiß, kann es natürlich den Spielleiter fragen und sich beraten lassen.

Hütchenspiel mit Bonbon

Das Spiel:

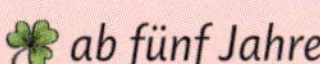

ab fünf Jahren
drei bis sechs Kinder
zwei Minuten pro Runde
drinnen
drei gleich aussehende Streichholzschachteln, Bonbons

So wird gespielt:

Für dieses Spiel solltet ihr euch ein älteres Kind oder einen Erwachsenen als Spielleiter suchen. Seine Aufgabe wird es sein, die Streichholzschachteln durcheinanderzubringen.

Ganz wichtig ist, dass ihr für dieses Spiel drei leere Streichholzschachteln habt, die sich von außen nicht unterscheiden. Das Spiel beginnt damit, dass in eine der Streichholzschachteln das Bonbon gelegt wird. Dann werden alle Streichholzschachteln nebeneinander auf den Tisch gestellt, dann dürfen alle Kindern noch einmal gucken, in welcher Schachtel sich das Bonbon befindet, dann wird die Schachtel zugeschoben. Anschließend werden die Schachteln nun hin- und hergeschoben und so durcheinander gebracht. Ziel ist es, dass sich niemand merken kann, in welcher Streichholzschachtel sich das Bonbon befindet. Danach dürfen die Kinder reihum raten, in welcher Schachtel der Bonbon ist. Wer es als Erster errät, darf das Bonbon aus der Schachtel nehmen und behalten. Dann wird die Schachtel für die nächste Runde präpariert. Als erstes Kind darf dann das raten, welches nach dem Kind, das in der Vorrunde richtig geraten hat, an der Reihe gewesen wäre.

Die Symbole

= *Alter*
= *Mitspieler*
= *Dauer*
= *Ort*
= *Material*

Dabei den Überblick zu behalten, ist gar nicht so einfach. Aber manchmal hilft auch Glück beim Raten.

Knobeln

Ein Spieleklassiker, bei dem es auf etwas Glück beim Raten ankommt.

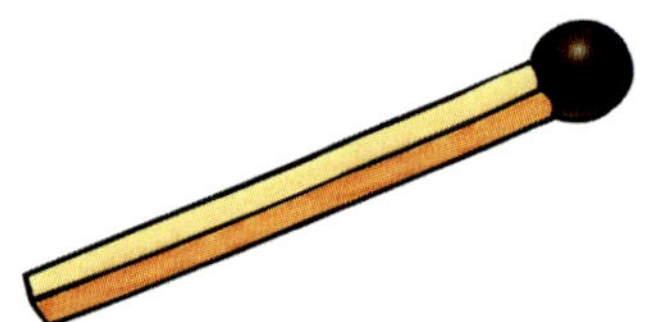

Das Spiel:

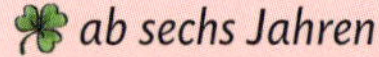

- *ab sechs Jahren*
- *zwei bis vier Kinder*
- *etwa acht bis zehn Minuten*
- *drinnen*
- *für jedes Kind drei Streichhölzer*

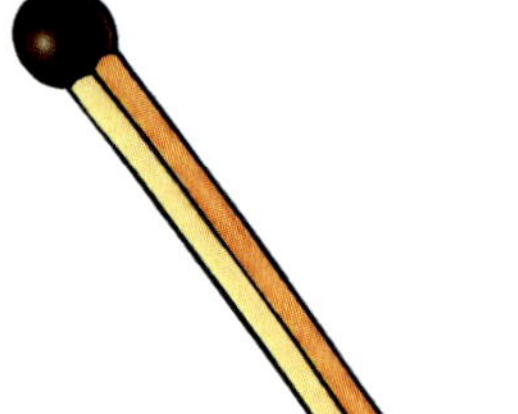

So wird gespielt:

Am besten setzt ihr euch an einen Tisch oder im Kreis auf den Boden. Jedes Kind bekommt nun drei Streichhölzer. Dann legt jedes Kind beide Hände auf den Rücken oder hält sie unter den Tisch. Unbeobachtet überlegt ihr euch nun, wie viele Streichhölzer ihr in die rechte Hand nehmt und wie viele in die linke Hand kommen. Ihr könnt es auch so machen, dass ihr alle Streichhölzer in einer Hand haltet.

Wenn jeder fertig ist, legen alle ihre rechte Hand auf den Tisch oder strecken sie nach vorn. Dann wird reihum geraten, wie viel Streichhölzer alle Kinder in der Hand halten. Wenn jeder sein Gebot abgegeben hat, öffnen alle ihre Hand und die Streichhölzer werden gezählt. Das Kind, das die genaue Zahl erraten hat, bekommt von den anderen Kindern jeweils ein Streichholz. Haben zwei Kinder die gleiche Zahl erraten, müssen sie noch einmal gegeneinander spielen. Wer richtig rät oder am dichtesten dran ist, bekommt dann von allen anderen Kindern jeweils ein Streichholz. Wie lange das Spiel dauert, müsst ihr vorher vereinbaren. Meistens dauert es so lange, bis ein Kind keine Streichhölzer mehr hat. Gewonnen hat dann das Kind mit den meisten Streichhölzern. Ihr könnt aber auch so spielen, dass jedes Kind, das kein Streichholz mehr hat, ausscheidet und am Ende das Kind gewonnen hat, welches alle Streichhölzer in der Hand hat.

Pinkepank, der Schmied ist krank

Das Spiel:

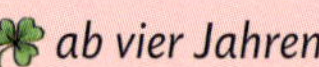

- *ab vier Jahren*
- *ab zwei Kinder*
- *eine Minute*
- *drinnen oder draußen*
- *ein glatter Stein, Filzstift*

So wird gespielt:

Als erstes nehmt ihr einen glatten Stein. Achtet darauf, dass er sich von der Größe her gut in einer Kinderhand verstecken lässt. Dann malt ihr ihm mit einem Filzstift ein Gesicht auf. Fertig ist Pinkepank, der Schmied. Dann bekommt eines der Kinder den Stein und ver-

Was brauchen Handwerker?

Was ein Bäcker, ein Schuster oder ein Maurer ist, das weiß doch jedes Kind. Aber was brauchen sie, um ihren Beruf auszuüben?

Das Spiel:

- *ab sechs Jahren*
- *ab drei Kinder*
- *drei Minuten*
- *drinnen oder draußen*
- *Zettel, Stift*

So wird gespielt:

Für dieses Spiel braucht ihr einen Spielleiter. Die Rolle sollte ein Jugendlicher oder ein Erwachsener übernehmen. Zunächst überlegt sich der Spielleiter einen Handwerker und geht im Kopf kurz durch, was der für seine Arbeit so alles braucht. Ein Bäcker braucht zum Beispiel Löffel, Eier, Mehl, eine Backstube, einen Ofen etc.
Das Spiel beginnt damit, dass der Spielleiter fragt: „Was braucht ein Bäcker?" Dann dürfen alle Kinder sofort antworten. Zuerst weiß natürlich jeder was, aber wenn die erste Welle an Antworten vorbei ist, kann der Spielleiter für jede weitere richtige Antwort einen Punkt vergeben. Wenn den Kindern nach einer Bedenkzeit von zwei oder drei Minuten nichts mehr einfällt, kann der Spielleiter noch ein paar weitere Dinge beisteuern, die ein Bäcker braucht – und sich dann einen neuen Handwerker ausdenken. Was braucht zum Beispiel ein Gärtner?

steckt ihn in einer Hand. Dann stellt es abwechselnd die Fäuste übereinander und sagt dazu:

„Pinkepank,
der Schmied ist krank.
Wo wird er wohnen,
Oben oder unten?"

Dann hält das Kind seine Hände vor sich und das erste Kind darf raten, in welcher Hand der Schmied ist. Rät das Kind richtig, darf es als nächstes Pinkepank verstecken. Hat sich das Kind für die falsche Hand entschieden, darf das erste Kind noch einmal Pinkepank verstecken.

Eine Ratespiel, bei dem auch schon die Kleinen mitmachen können.

Märchenrätsel

Um auf die richtige Lösung zu kommen, müsst ihr bei diesem Spiel ein wenig um die Ecke denken.

Das Spiel:

- *ab zehn Jahren*
- *ab zwei Kinder*
- *15 Minuten*
- *drinnen*
- *Papier, Stifte*

So wird gespielt:

Alle Kinder kennen Märchen. Aber erkennen sie die auch wieder, wenn die Handlung der Geschichte in nur einem Satz beschrieben wird? Hier einige Vorschläge für eine lustige Raterunde:

Vier Musiker verjagen Gangster.
Bewaffneter rettet Großmutter.
Linsenzählerin mit kleinen Füßen.
Dürres Holzstück täuscht alte Frau.

Habt ihr die Märchen erkannt? Richtig. Es sind
a) die Bremer Stadtmusikanten,
b) Rotkäppchen,
c) Aschenputtel sowie
d) Hänsel und Gretel.
Bestimmt fallen euch noch viele andere Märchen und Beschreibungen ein.

Was ist das, was ich esse?

Das Spiel:

ab acht Jahren.
ab drei Kinder
fünf Minuten
drinnen
Obst (Äpfel, Bananen etc.), Gemüse, Käse und Schüsseln

So wird gespielt:

Am besten mit Hilfe eines Erwachsenen füllt ihr immer ein Lebensmittel in eine kleine Schüssel. Dann werden sie nebeneinander auf einen Tisch gestellt und einem ausgewählten Kind werden die Augen verbunden. Dann greift ein anderes Kind in eine der Schüsseln und füttert das Kind damit. Dieses muss nun erraten, was es da gerade im Mund hat und verspeist. Hat das Kind richtig geraten, darf es aus einer anderen Schüssel probieren. Danach ist ein anderes Kind an der Reihe.

Das Auge isst mit, weiß ein Sprichwort. Aber wie ist es, wenn man das nicht sehen kann, was man gerade isst?

Wer fehlt?

Das Spiel:

ab vier Jahren
ab vier Kinder
drei Minuten
drinnen
eine Decke

So wird gespielt:

Alle Kinder setzen sich in einen Kreis. Ein Kind wird ausgewählt und vor die Tür geschickt. Dann setzt sich ein anderes Kind in die Kreismitte und legt sich die Decke so über, dass von ihm nichts mehr zu sehen ist. Dann wird das rausgeschickte Kind wieder hereingeholt und soll nun raten, welches Kind sich unter der Decke befindet. Wenn es nicht gleich weiß, wer es ist, dürfen die anderen etwas Hilfestellung oder kleine Tipps geben.
Für etwas ältere Kinder kann das Spiel schwieriger gestaltet werden. Zum Beispiel, indem ein oder zwei Kinder ihren Platz tauschen. Oder ganz kniffelig wird es, wenn zum Beispiel zwei Jungs ihren Pullover tauschen.

Die Symbole
= Alter
= Mitspieler
= Dauer
= Ort
= Material

Für die Kleinen ist es eine Herausforderung, für die Älteren lässt sich das Spiel auch schwieriger gestalten.

Wort- und Rechenspiele

Sich mit Worten ausdrücken, entdecken, was mit Sprache alles möglich ist. Sobald die Kinder in die Schule gehen und diesen ganz neuen Lebensabschnitt beginnen, entdecken sie auch die Vielseitigkeit von Buchstaben und Zahlen.

Aufpassen beim Zählen!

Wer gut malnehmen und teilen kann, ist bei diesem Spiel im Vorteil. Vorausgesetzt, er kann sich auch gut konzentrieren.

Das Spiel:

- *ab acht Jahren*
- *ab drei bis fünf Kinder*
- *etwa fünf Minuten*
- *drinnen oder draußen*
- *keines*

So wird gespielt:

Alle Kinder setzen sich in einen Kreis. Das zweitälteste Kind darf anfangen und sagt laut eine Zahl. Sie muss zwischen zwei und neun liegen. Zum Beispiel sagt er „vier", dann darf kein Kind mehr die „vier" aussprechen oder eine Zahl, die sich durch „vier" teilen lässt. Dann wird reihum gezählt. Das Kind rechts von demjenigen, das die Zahl gesagt hat, darf anfangen. Das Kind, welches dann beim Abzählen „vier" sagen müsste, muss jedoch schweigen, schnell aufstehen, einmal hüpfen und sich dann wieder hinsetzen.

Mit der Zeit wird das Spiel immer schwieriger, als nächstes muss bei „8" gehopst werden. Selbstverständlich darf auch keine Zahl wie „14" gesagt werden. Wer dabei nicht aufpasst, scheidet aus. Gewonnen hat am Ende das Kind, das am besten rechnen konnte.

Wer rechnet am schnellsten?

Das Spiel:

- *ab sechs Jahren*
- *zwei bis sechs Kinder*
- *fünf Minuten*
- *drinnen*
- *zwei bis drei Würfel, ein Würfelbecher*

So wird gespielt:

Alle Kinder sitzen um einen Tisch. Das Kind, das mit beiden Würfeln die höchste Zahl würfelt, darf anfangen. Die Würfel kommen in den Würfelbecher und das Kind schüttelt den Würfelbecher.

Dann stülpt es den Würfelbecher verkehrt herum auf den Tisch, so dass die Würfel verdeckt sind. Dann zählt der Würfler bis „drei" und dreht den Becher um.

Alle Kinder müssen jetzt versuchen, so schnell wie möglich die gewürfelten Punkte oben auf den Würfeln zusammenzuzählen.

Wer zuerst das richtige Ergebnis ruft, bekommt einen Punkt gutgeschrieben. Wer jedoch ein Ergebnis ruft, das nicht stimmt, dem wird ein Punkt abgezogen. Gewonnen hat am Ende der Mitspieler, der zuerst fünf Punkte hat.

Wer gut aufpasst und am schnellsten zusammenzählen kann, hat bei diesem Spiel Vorteile..

Alle Vöglein fliegen hoch

Das Spiel:

- *ab vier Jahren*
- *ab fünf Kinder*
- *zehn Minuten*
- *drinnen*
- *keines*

So wird gespielt:

Ein schon etwas älteres Kind oder ein Erwachsener sollte hier die Spielleitung übernehmen.

Alle Kinder setzen sich dann um einen Tisch und legen die Hände auf den Tisch. Zunächst klopfen alle mit beiden Zeigefingern schnell auf den Tisch. Wenn der Spielleiter dann ruft „Alle Vöglein fliegen hoch", heben alle Kinder schnell die Arme über den Kopf.

Dann lassen sie die Hände wieder sinken und trommeln weiter.

Dann geht es weiter und die Kinder müssen jedes Mal, wenn der Spielleiter ein Tier oder einen Gegenstand ruft, der fliegen kann, schnell die Arme heben.

Wichtig ist, dass der Spielleiter immer die Arme in die Höhe wirft. Auch dann, wenn er ruft „Alle Kühlschränke fliegen hoch".

Der Sinn des Spiels ist, dass die Kinder auf das reagieren, was der Spielleiter ruft, nicht auf das, was er macht. Kinder, die beim falschen Gegenstand die Arme in die Luft werfen, müssen ein Pfand hinterlegen oder scheiden aus, wenn sie dreimal „falsch" die Arme gehoben haben.

Dieses Spiel lieben vor allem die Kleineren, aber auch manch Größerer lässt sich noch von einem geschickten Spielleiter verwirren.

Zahlen werfen

Kopfrechnen und gut zielen – damit könnt ihr bei diesem Spiel viel Erfolg haben.

Das Spiel:

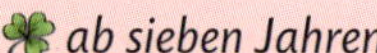

- *ab sieben Jahren*
- *ab zwei Kinder*
- *zwei Minuten*
- *draußen*
- *drei Steine oder 50-Cent-Münzen pro Spieler, Kreide, Stöckchen, Papier und Stift, zum Punktestand notieren*

So wird gespielt:

Wenn ihr auf Asphalt oder Steinboden spielt, zeichnet ihr mit Kreide ein Zahlenfeld von eins bis neun. Dabei sind immer drei Zahlen in einer Reihe, beginnend unten links mit „1" und endend oben rechts mit „9". Wenn ihr es gern kompliziert mögt, könnt ihr die Zahlen natürlich auch durcheinander hineinschreiben.
Spielt ihr auf festgetretener Erde, ritzt ihr euch das Zahlenfeld mit einem Stöckchen in den Boden.
Der älteste Spieler sagt an, welche Summe geworfen werden soll. Zum Beispiel bei einer 18 kann man jeweils einen Stein oder eine Münze in die Fünf, Sechs und Sieben werfen. Oder auch in die Neun, in die Vier und in die Fünf. Jeder Spieler darf dann nacheinander werfen. Wer die vorgegebene Summe erreicht, darf dann in der nächsten Runde die Summe vorgeben.
Ihr könnt das Spiel aber auch so spielen, dass ihr eine feste Summe vorgebt. Zum Beispiel eine „50" oder eine „100". Dann werden bei jeder Runde für jeden Spieler dessen Würfe zusammengezählt.
Aber Achtung! Die vorgegebene Summe muss exakt getroffen werden. Ist man dicht dran, kann dies auch mit nur einem oder zwei Würfen erreicht werden.

Galgenmännchen

Dieses Spiel ist wahrscheinlich schon mehrere hundert Jahre alt, gehört aber zu den Lieblingsbeschäftigungen aller, die gern mit Wörtern knobeln. Gespielt wird es von mindestens zwei, kann aber auch von beliebig vielen Kindern gespielt werden.

Das Spiel:

- *ab acht Jahren*
- *zwei Kinder*
- *fünf bis zehn Minuten*
- *drinnen*
- *Papier, Stift*

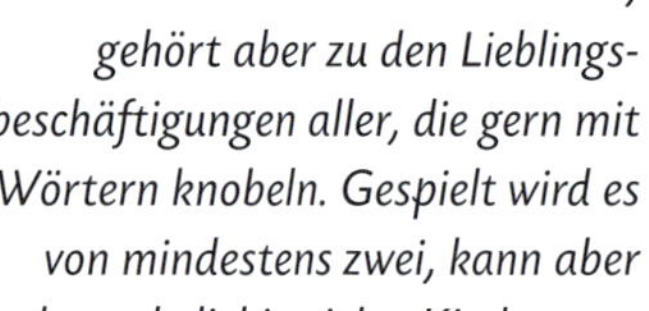

So wird gespielt:

Bevor es losgeht, überlegen sich alle vorher noch, was gezeichnet werden soll. Früher war dies ein sogenanntes „Galgenmännchen", man kann aber auch etwas anderes nehmen.
Spielen nur zwei Kinder, denkt sich jedes ein Wort oder eine kurze Redewendung aus – für jeden Buchstaben wird ein kurzer waagerechter Strich aufs Papier gezeichnet. Dann werden die Papierbögen ausgetauscht und abwechselnd darf jedes Kind raten, welche Buchstaben das Wort

enthält. Dabei muss immer angesagt werden, wo der Buchstabe in dem Wort oder der Redewendung auftaucht. Wird ein Buchstabe genannt, der nicht enthalten ist, beginnt man, den Begriff Strich für Strich zu zeichnen, z.B. einen Elefanten, eine Blume oder, wer will, das Galgenmännchen.

Wer zuerst Wort oder Redewendung erraten hat, gewinnt die Runde; bei wem zuerst der Begriff vollständig gezeichnet wurde, der hat die Runde verloren. Auch wenn der andere Mitspieler seinen Begriff noch nicht erraten hat.

Die Symbole

- = *Alter*
- = *Mitspieler*
- = *Dauer*
- = *Ort*
- = *Material*

Auf Safari

Das Spiel:

- *ab sechs Jahren*
- *ab fünf Kinder*
- *etwa acht bis zehn Minuten*
- *draußen*
- *keines*

So wird gespielt:

Bevor es losgeht, vereinbaren die Kinder ein oder zwei Tiernamen (z.B. „Elefant" oder „Hund"), die nicht gesagt werden dürfen. Dann wird ein Kind als Fänger ausgewählt. Die anderen Kinder dürfen jetzt weglaufen und der Fänger muss versuchen, ein Kind zu fangen. Wenn er dabei einem Kind nahekommt, darf dieses sich hinhocken und muss schnell einen Tiernamen sagen. Allerdings darf es keinen der vorher festgelegten Namen sagen. Wenn es dem Kind nicht gelingt, ist es gefangen und scheidet aus. Ihr könnt aber auch vereinbaren, dass das gefangene Kind dann der neue Fänger ist. Damit das Kind nicht zu lange sitzen bleibt, wird ein Abzählreim festgelegt, bei dem alle Kinder aufstehen müssen: „Ich stell mich auf mein rechtes Bein, wer jetzt nicht aufsteht, der muss sein!" Damit es der Fänger nicht allzu schwer hat, sollte vorher ein Bereich festgelegt werden, den die Kinder nicht verlassen dürfen. Statt „verbotene" Tiernamen können auch Tiergruppen bestimmt werden. Zum Beispiel dürfen keine Tiere genannt werden, die Flügel haben, oder Haustiere wie Hund, Katze, Wellensittich, Kaninchen oder Meerschweinchen sind verboten.

Hier sollte man nicht nur schnell sein, sondern auch gut aufpassen. Sonst sagt man schnell einen falschen Tiernamen.

Das schnelle Gegenteil

Bei diesem Spiel muss man schnell sein und das Gegenteil kennen.

Das Spiel:

- *ab sieben Jahren*
- *ab sechs Kinder*
- *etwa fünf Minuten*
- *drinnen oder draußen*
- *Augenbinde*

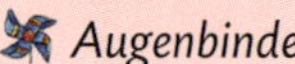

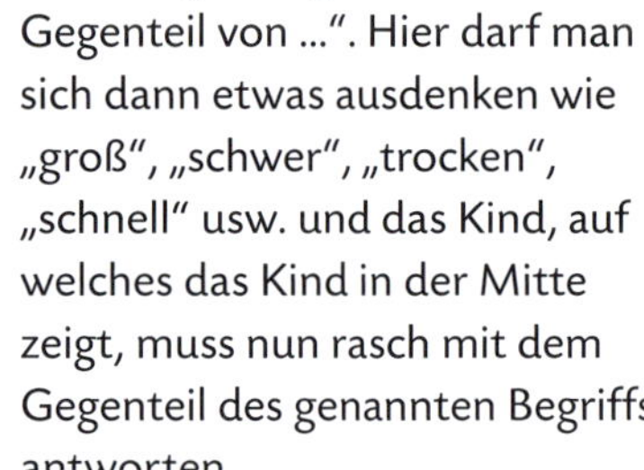

So wird gespielt:

Alle Kinder bilden einen Kreis. Ein Kind wird ausgewählt, ihm werden die Augen verbunden und es darf in die Mitte kommen. Dann streckt es seinen rechten Arm aus und ein andres Kind dreht es langsam im Kreis herum. Wenn das Kind stehen bleibt, sagt es laut: „Sage mir ganz schnell das Gegenteil von ...". Hier darf man sich dann etwas ausdenken wie „groß", „schwer", „trocken", „schnell" usw. und das Kind, auf welches das Kind in der Mitte zeigt, muss nun rasch mit dem Gegenteil des genannten Begriffs antworten.
Statt eines Wortes kann das Kind in der Mitte auch einen Satz sagen, wie zum Beispiel: „Im Winter ist es draußen kalt." Dann muss man versuchen, zu allen Begriffen das Gegenteil zu finden. Die richtige Antwort wäre dann: „Im Sommer ist es drinnen warm."

Ein Interview mit Tücken

Genau überlegen, was man sagt, sollte man sowieso. Aber richtig schwierig kann es werden, wenn bestimmte Worte verboten sind.

Das Spiel:

- *ab neun Jahren*
- *ab drei Kinder*
- *eine Minute pro Interview*
- *drinnen oder draußen*
- *eine Stoppuhr*

So wird gespielt:

Zuerst werden zwei Kinder ausgewählt. Eines übernimmt den Part des Interviewers, das andere soll die Fragen beantworten. Dann wird festgelegt, welche Worte das befragte Kind nicht sagen darf, zum Beispiel „Ja" und „Nein". Dann läuft die Zeit und der Interviewer stellt Fragen, die das andere Kind sofort beantworten muss, es darf nicht lange überlegen. Sagt das befragte Kind unüberlegt eines der verbotenen Wörter, wird sofort die Zeit angehalten und notiert. Hält das befragte Kind das Interview mit der festgelegten Zeit durch, hat es das Interview bestanden – und darf als nächstes den Interviewer und das zu befragende Kind bestimmen.

Feuer, Wasser, Erde, Luft

Das Spiel:

ab acht Jahren
ab fünf Kinder
etwa 15 Minuten
draußen
keines

So wird gespielt:

Die Kinder sitzen im Kreis, eines steht in der Mitte. Dieses Kind zeigt nun auf eines der anderen Kinder und sagt laut eines der Elemente „Wasser", „Erde" oder „Luft". Das andere Kind muss jetzt ein Tier nennen, das in diesem Element lebt. Gleichzeitig zählt das Kind in der Mitte bis sieben. Wenn das andere Kind bis dahin kein Tier genannt hat, ruft das Kind in der Mitte „Feuer". Jetzt müssen alle Kinder schnell ihre Plätze tauschen. Das Kind, das keinen Platz findet und übrig bleibt, muss in die Mitte – und das Spiel beginnt von neuem.

Wer sich gut mit Tieren auskennt und ein gutes Gedächtnis hat, ist hier im Vorteil.

Kofferpacken

Das Spiel:

ab sechs Jahren
ab drei Kinder
fünf Minuten
draußen
keines

So wird gespielt:

Ein Kind wird ausgewählt und darf anfangen. Zum Beispiel kann es sagen: „Ich packe in meinen Koffer einen Fußball." Dann ist das nächste Kind in der Reihe dran. Dieses Kind sagt: „Ich packe in meinen Koffer einen Fußball und eine Tüte Kakao." Dann ist das dritte Kind dran. Es muss die vorher genannten Gegenstände wiederholen und fügt einen eigenen dazu. So geht es mit der Kette der Gegenstände, die in den Koffer gepackt werden, immer weiter, bis irgendwann jemand etwas vergisst oder durcheinander bringt. Wem das passiert, der scheidet aus.

Bei diesem Spiel kommt es vor allem auf eines an: ein sehr gutes Gedächtnis.

Wortketten

Am Ende sollen sich alle über den herrlichen Blödsinn amüsieren, der dabei herausgekommen ist.

Das Spiel:

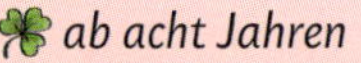

- *ab acht Jahren*
- *drei bis zehn Kinder*
- *fünf Minuten*
- *drinnen*
- *Zettel, Stifte*

So wird gespielt:

Jedes Kind bekommt ein Blatt Papier und einen Stift und schreibt oben ein Hauptwort (Substantiv) auf. Das kann zum Beispiel ein Name wie „Herr Lehmann" oder ein Tier wie „Mein Meerschweinchen" oder ein Begriff wie „Die Tapete" sein. Dann wird das Aufgeschriebene zweimal gefaltet, so dass es die anderen Kinder nicht sehen können. Anschließend gibt jedes Kind seinen Zettel an seinen rechten Nachbarn weiter. Nun wird als nächstes ein Verb (Tu-Wort) aufgeschrieben. Zum Beispiel „läuft" oder „schwimmt" oder „geht". Das wird unterhalb des Knicks aufs Papier geschrieben, der Begriff wieder zweimal gefaltet und das Blatt an den rechten Nebenmann weitergereicht. Als Letztes wird jetzt noch ein Ort aufgeschrieben. Das kann etwa „zu Hause" oder „in Hamburg" oder „im Theater" sein. Der Begriff wird ebenfalls aufgeschrieben und anschließend das Blatt an den rechten Nachbarn weitergereicht.
Wenn alle fertig sind, entfalten sie die Zettel und jeder darf den Satz vorlesen.

Silbenwirbel

Wenn alle gleichzeitig durcheinander reden, muss man sich gut konzentrieren, um das richtige Wort herauszuhören.

Das Spiel:

- *ab acht Jahren*
- *ab fünf Kinder*
- *fünf Minuten pro Runde*
- *drinnen oder draußen*
- *keines*

So wird gespielt:

Zuerst wird ein Kind ausgewählt. Spielt ihr drinnen, wird es rausgeschickt. Wenn ihr draußen spielen wollt, sollte das Kind etwas zur Seite gehen, damit es nicht mitbekommt, was die anderen vorhaben.
Angenommen, ihr seid zu fünft, dann solltet ihr euch ein Wort mit fünf Silben ausdenken, wie zum Beispiel Blu-men-topf-er-de. Dann wird noch vereinbart, welches Kind welche Silbe sagt.

Silbenkönig

Das Spiel:

- *ab zehn Jahren*
- *zwei bis sechs Kinder*
- *pro Runde drei Minuten*
- *drinnen*
- *Papier, Stifte, Stoppuhr*

So wird gespielt:

Zunächst wird für das Spiel ein Leiter bestimmt. Am besten der älteste Mitspieler.
Für das Spiel bekommt jeder Mitspieler zwei Blatt Papier. Dann denkt sich jeder einen Begriff aus und schreibt ihn auf das eine Blatt Papier. Hat sich einer der Spieler das Wort „Elefant" ausgedacht, schreibt er dies auf das eine Blatt. Dann sucht er sich aus dem Wort drei aufeinanderfolgende Buchstaben aus, z.B. „ant" und schreibt sie auf das andere Blatt.
Inzwischen hat der Spielleiter die Stoppuhr auf drei Minuten eingestellt. Wenn alle Mitspieler so weit sind, gibt er das Kommando und lässt die Zeit laufen. Jeder Spieler schreibt jetzt auf das Blatt, auf dem er die Silbe notiert hat, alle Wörter auf, die wie in unserem Beispiel die Buchstabenfolge „ant" aufwiesen. Wie etwa „Antwort", „Antilope", „Antlitz", „Qualifikant", „Anti" usw.
Wenn die Zeit um ist, gibt er das Blatt seinem rechten Nachbarn und bekommt das Blatt vom linken Nachbarn. Die versuchen jetzt ebenfalls, innerhalb der vorgegebenen Zeit möglichst viele Wörter zu notieren, in denen die Silbe vorkommt.
Danach wird verglichen. Wer mehr passende Wörter gefunden hat, hat gewonnen.

Manche Silben verstecken sich in vielen Worten. Wer weiß sie alle?

Anschließend wird das weggeschickte Kind zurückgeholt und alle reden jetzt wild durcheinander, wobei aber jedes Kind nur seine eigene Silbe sagt. Das ausgewählte Kind muss nun raten, welcher Begriff gesucht wurde. Um es noch etwas schwieriger zu machen, müssen nicht alle Kinder immer ihre Silbe rufen, sondern dürfen zwischendurch auch mal gar nichts sagen.

Variante:

Als Variante könnt ihr euch auch einen Satz ausdenken, bei dem jedes Kind ein Wort übernimmt. Zum Beispiel „Fritz kaufte gestern frische Fische", wenn ihr zu fünft seid.

Verbotene Buchstaben

Das Spiel:

Hier müsst ihr gut aufpassen, auf den verbotenen Buchstaben achten und überlegen, was ihr sagt.

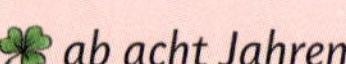

- *ab acht Jahren*
- *ab fünf Kinder*
- *fünf bis zehn Minuten*
- *drinnen oder draußen*
- *keines*

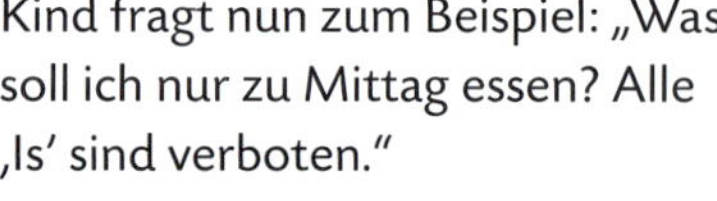

So wird gespielt:

Die Kinder versammeln sich alle in einen Kreis und ein Kind wird als Fragesteller ausgewählt. Ein Kind fragt nun zum Beispiel: „Was soll ich nur zu Mittag essen? Alle ‚Is' sind verboten."
Antwortet das Kind zum Beispiel „Eine Suppe", ist die Antwort falsch, weil in „eine"ein „i" vorkommt.
Wenn ihr alle schon gut mit Wörtern umgehen könnt, können die Aufgaben auch erschwert werden, indem z.B. mehrere Buchstaben verboten sind.

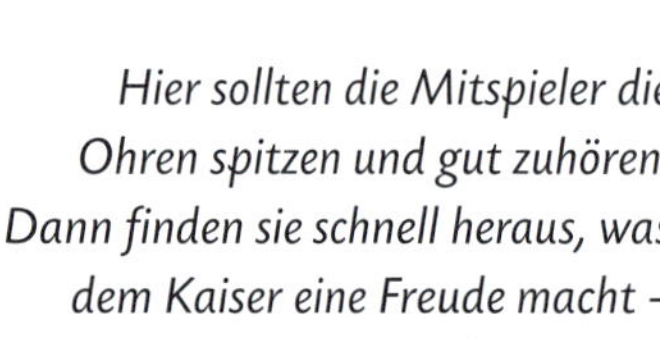

Was liebt der Kaiser?

Das Spiel:

Hier sollten die Mitspieler die Ohren spitzen und gut zuhören. Dann finden sie schnell heraus, was dem Kaiser eine Freude macht – und was nicht.

- *ab sieben Jahren*
- *ab vier Kinder*
- *etwa zehn Minuten*
- *drinnen*
- *keines*

So wird gespielt:

Bei diesem Spiel sollten sich zwei Spieler vorher absprechen. Einer von ihnen fängt dann zum Beispiel damit an, dass er sagt: „Der Kaiser liebt Bananen, aber kein Obst." Dann sagt der andere: „Der Kaiser liebt Autos, aber keine Motoren." Dann ist eines der Kinder dran. Wenn es zum Beispiel sagt: „Der Kaiser liebt die Angst, aber keine Furcht", ist das richtig. Sagt dann aber der vierte Mitspieler „Der Kaiser liebt Zeitungen, aber keine Bücher", dann ist das falsch. So geht es immer weiter, bis die Kinder den Trick herausfinden. In diesem Beispiel mag der Kaiser alles, worin ein „a" vorkommt.
Die Absprachen, was der Kaiser liebt und was nicht, lassen sich natürlich beliebig variieren. So kann er zum Beispiel auch Dinge mögen, die zum Beispiel zweimal denselben Buchstaben hintereinander haben, wie Boot, Kaffee oder Tee.

Welche Worte stecken in meinem Namen?

Das Spiel:

- *ab sechs Jahren*
- *zwei bis acht Kinder*
- *fünf bis zehn Minuten*
- *drinnen*
- *Zettel, Stifte*

So wird gespielt:

Jedes Kind bekommt zuerst ein Blatt Papier und einen Stift. Anschließend schreibt jeder Spieler seinen ganzen Namen auf und zählt die Buchstaben. Klar, dass Kinder, die mehrere Vornamen oder einen langen Nachnamen haben, im Vorteil sind gegenüber denjenigen, die nur einen kurzen Namen haben. Deshalb dürfen die Kinder, bei denen der komplette Name aus acht Buchstaben oder weniger besteht, ihre(n) Vorname(n) ein weiteres Mal aufschreiben. Dann beginnt jedes Kind, aus den Buchstaben seines Namens so viele Begriffe wie möglich zu bilden. Aber denkt daran: Jeder Buchstabe, der im Namen vorkommt, darf nur einmal im Begriff vorkommen.

Das Spiel kann auf Zeit gespielt werden, dann hat jedes Kind z.B. fünf Minuten Zeit, möglichst viele Begriffe zu finden. Am Ende wird verglichen und für jeden Begriff gibt es einen Punkt.

Vertauscht man ein paar Buchstaben oder lässt welche weg, lassen sich aus praktisch jedem Vor- und Nachnamen neue Worte bilden. Wie viele stecken in deinem Namen?

Reim dich, oder ...

Das Spiel:

- *ab sechs Jahren*
- *zwei bis sechs Kinder*
- *fünf Minuten*
- *beliebig*
- *falls die Variante gespielt wird, braucht ihr noch Zettel und Stifte*

So wird gespielt:

Zunächst wird ausgelost, welches Kind anfangen darf. Dieses denkt sich nun zwei Worte aus, die sich reimen, z.B. „Band" und „Land". Dann sagt es: „Das Wort, das ich suche, reimt sich auf ‚Band'". Jetzt sind alle Kinder der Reihe nach dran und müssen einen Begriff nennen, der sich auf „Band" reimt, z.B. „Hand", „Wand", „Rand" usw.
Das Kind, das den richtigen Begriff errät, in diesem Beispiel „Land", ist als nächstes dran.
Wenn ihr wollt, könnt ihr dieses Spiel auch mit Zettel und Stift spielen. Dazu schreibt jedes Kind ein passendes Reimwort auf seinen Zettel. Dann präsentieren alle ihre Lösungen. Das Kind mit der richtigen Lösung darf dann das nächste Reimpaar vorgeben.

Hier muss man gut reimen und gut raten. Welches Reimwort wird gesucht?

Wer kennt das Gegenteil?

Genau das richtige Spiel für alle, die schnell denken und das passende Wort finden können.

Das Spiel:

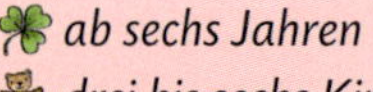

- *ab sechs Jahren*
- *drei bis sechs Kinder*
- *wenige Minuten*
- *drinnen oder draußen*
- *keines*

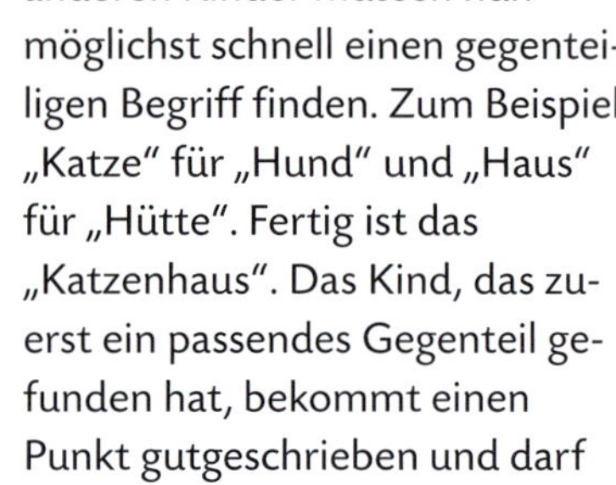

So wird gespielt:

Das jüngste Kind wird ausgewählt und darf anfangen. Es überlegt sich einen zusammengesetzten Begriff, z.B. „Hundehütte“. Die anderen Kinder müssen nun möglichst schnell einen gegenteiligen Begriff finden. Zum Beispiel „Katze“ für „Hund“ und „Haus“ für „Hütte“. Fertig ist das „Katzenhaus“. Das Kind, das zuerst ein passendes Gegenteil gefunden hat, bekommt einen Punkt gutgeschrieben und darf sich das nächste Wort ausdenken.

Das Kind, das zuerst zwölf Punkte hat, hat gewonnen.

Wer reimt am längsten?

Das Spiel:

- *ab acht Jahren*
- *zwei bis vier Kinder*
- *fünf Minuten*
- *überall*
- *Zettel, Stift*

Fluss, Gruß, Kuss, Muss ... wer sich schon gut mit Wörtern auskennt, wird hier seinen Spaß haben. Dieses Spiel kann man wirklich überall und zu jeder Gelegenheit spielen.

So wird gespielt:

Bevor es losgeht: Zunächst schreibt ihr die Namen aller Kinder auf einen Zettel. Dann bestimmt ihr das Kind, das anfangen darf, oder ihr lost eines aus. Weil es hier ums Reimen geht, könnt ihr natürlich auch bestimmen, dass dasjenige Kind den ersten Begriff wählen darf, das als erstes einen Reim für seinen Vor- oder Nachnamen findet. Das erste Kind nennt einen Begriff, zum Beispiel „Baum“. Dazu muss der Nachbar einen passenden Reim finden, z.B. „Traum“. Dann ist das nächste Kind an der Reihe, z.B. mit „kaum“. So geht es immer weiter. Fällt einem Kind ein Begriff ein, bekommt es einen Strich auf dem Zettel. Dafür darf das Kind dann den nächsten Begriff vorgeben. Wann das Spiel zu Ende sein soll, könnt ihr selbst festlegen. Zum Beispiel, wenn ein Kind fünf oder zehn Striche hat oder einem Kind dreimal nacheinander kein Reim einfällt.

Wörter bauen

Das Spiel:

- *ab acht Jahren*
- *ab zwei Kinder*
- *zwei bis drei Minuten pro Runde*
- *drinnen*
- *Papier, Stifte, fünf Streichhölzer pro Kind*

So wird gespielt:

Alle Kinder setzen sich am besten um einen Tisch. Das erste Kind überlegt sich still ein Wort, zum Beispiel „Auto" und schreibt den ersten Buchstaben aufs Papier. Laut gesagt werden darf das Wort jedoch nicht. Dann bekommt das nächste Kind den Zettel. Bei „A" denkt es vielleicht an „Achterbahn" und schreibt deshalb ein „c" dazu. Aber auch dieses Kind darf das Wort nicht laut sagen. Dann ist das nächste Kind dran. Das denkt vielleicht an eine „Achse" und schreibt deshalb ein „h" dazu. Jedes Mal, wenn ein Kind einen sinnvollen Buchstaben ergänzen kann, bekommt es einen Punkt gutgeschrieben. Wer jedoch das Wort nicht weiterbauen kann, bekommt einen Punkt abgezogen. Die Runde gewonnen hat am Ende das Kind, das ein Wort zu Ende bringen kann, zum Beispiel aus der „Achterbahn" eine „Achterbahnfahrt" machen kann. Für jeden Buchstaben gibt es dann einen Punkt gutgeschrieben. Um zu vermeiden, dass unsinnige Buchstaben hinzugefügt werden, darf auch nachgefragt werden. Das Kind muss dann das Wort sagen, dass es im Sinn hatte. Hat es dabei gemogelt, wird ihm ein Punkt abgezogen. Ist der Buchstabe jedoch richtig, bekommt das nachfragende Kind einen Punkt abgezogen.
Spielt mehrere Runden, gewonnen hat am Ende das Kind mit den meisten Punkten.

Die Symbole

- = *Alter*
- = *Mitspieler*
- = *Dauer*
- = *Ort*
- = *Material*

Aus einem Buchstaben am Anfang kann am Ende ein ganz schön langes Wort werden.

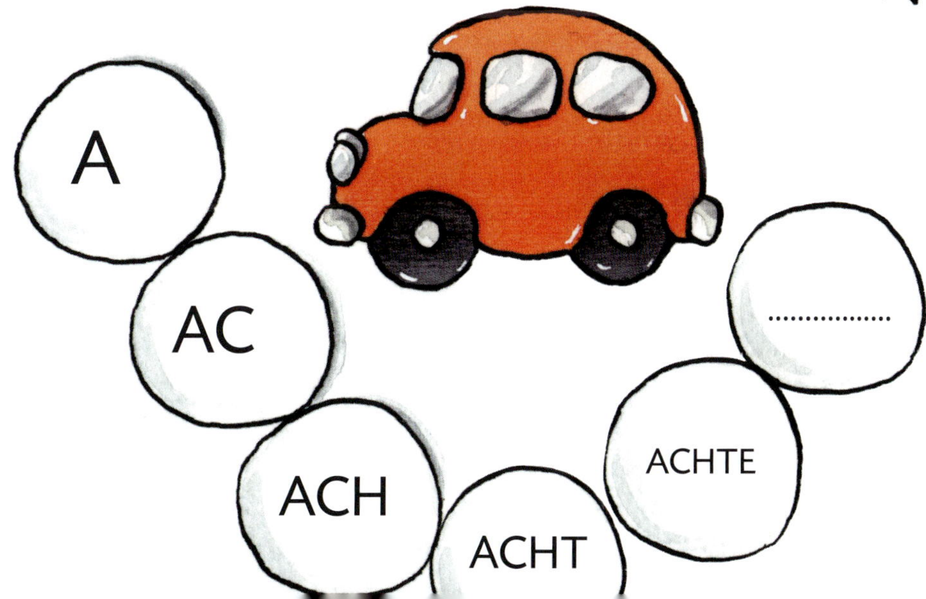

Wortsalat

Gibt es über einen Begriff Streitigkeiten, lasst das Wörterbuch entscheiden – oder zieht einen neuen Zettel.

Das Spiel:

ab zehn Jahren
ab drei Kinder
15 Minuten
drinnen
pro Mitspieler zehn kleine Zettel, Stifte

So wird gespielt:

Zuerst denkt sich jeder Mitspieler zehn Wörter aus und schreibt sie dann der Reihe nach auf seine Zettel.
Wenn alle Mitspieler fertig sind, kommen die Zettel in die Mitte und werden gut durchgemischt. Passt auf, dass anschließend alle Zettel verdeckt sind und niemand die Begriffe vorher lesen kann.
Dann darf das jüngste Kind den ersten Zettel nehmen, ihn umdrehen und den Begriff vorlesen.
Dazu müssen sich jetzt alle anderen Kindern möglichst schnell einen anderen Begriff vorstellen, der dazu passt. Steht zum Beispiel das Wort „Schreibtisch" auf dem Zettel, wäre ein anderer dazu passender Begriff „Schublade", zusammengesetzt also „Schreibtischschublade". Das Kind, das als erstes einen passenden Begriff nennen kann, bekommt den Zettel. Gewonnen hat am Ende, wer die meisten Zettel hat.

Wortschlange

Haustier, Tiergarten, Gartenzwerg ... aus einem Begriff lassen sich immer wieder neue Worte bilden. Probiert es aus und staunt darüber, wie lange eure Wortschlange werden kann.

Das Spiel:

ab sechs Jahren
zwei bis sechs Kinder

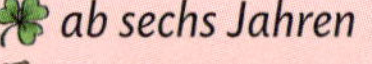

so lange ihr wollt
überall
keines

So wird gespielt:

Ein Spieler wird bestimmt, der das erste Worte auswählt. Dabei muss es sich aber um ein zusammengesetztes Wort handeln, also z.B. um „Autoreifen" oder „Wasserglas". Der nächste Spieler muss dann aus dem zweiten Begriff ein neues Wort bilden. Bei unseren ausgewählten Beispielen wären also beispielsweise „Reifenstapel" oder „Glastür" korrekt.
Das Spiel geht so lange, bis einem Mitspieler kein neuer Begriff mehr einfällt.
Wenn ihr genau sehen wollt, welche Begriffe in eurer Wortschlange auftauchen, könnt ihr auch ein Kind bestimmen, das alle Begriffe mitschreibt. So lässt sich dann auch verhindern, dass Begriffe doppelt genannt werden, was vorkommen kann, wenn die Wortschlange sehr lang wird.

Wortversteck

Das Spiel:

- *ab acht Jahren*
- *zwei bis drei Kinder*
- *nach Belieben*
- *drinnen*
- *Papier, Schreibzeug*

So wird gespielt:

Nachdem ein Spieler ausgewählt wurde, denkt er sich ein Wort aus und schreibt es aufs Papier. Dabei lässt er alle Vokale weg, also a-e-i-o-u und, falls vorhanden, auch die Umlaute. So bleibt dann zum Beispiel nur „Bttrblm" („Butterblume") oder „Hsngngg" („Hauseingang") übrig. Die anderen Kinder müssen das Wort nun raten. Das Spiel lässt sich aber auch schwieriger gestalten, z.B. indem ihr Sätze bildet wie Gstrn wr ch bm Fßblltrnng („Gestern war ich beim Fußballtraining").

Fehlen Buchstaben, ist es gar nicht so einfach, das gesuchte Wort zu finden.

Drei Chinesen ...

Ein musikalischer Spiele-Klassiker für alle Gelegenheiten.

Das Spiel:

- *ab sechs Jahren*
- *ab drei Kinder*
- *fünf Minuten*
- *drinnen*
- *keines*

So wird gespielt:

Beim ersten Mal singen alle Kinder das Lied von den drei Chinesen mit dem Kontrabass. Hier der Text:

Drei Chinesen
mit dam Kontrabass
saßen auf der Straße
und erzählten sich was.
Da kam die Polizei:
„Ja, was ist denn das?"
Drei Chinesen
mit dem Kontrabass.

Beim zweiten Mal werden alle Vokale (a, e, i, o, u) durch „a" ersetzt. Das hört sich dann so an:

Dra Chanasan
mat dam Kantrabass
Saßan af dar Straßa
and arzahltan sach was.
Da kam da Palaza:
„Ja, was ast dann das?"
Dra Chanasan
mat dam Kantrabass.

Bei der nächsten Strophe werden dann alle Vokale durch „e" ersetzt, dann durch „i", „o" und „u".
Wenn ihr dann noch Lust habt, könnt ihr auch Doppelvokale wie ai, eu, ui, oi usw. oder ä, ö, ü nehmen.
Das Lied bringt sofort gute Laune in jede Gruppe.

Rechenmemory

Das Spiel:

Mit diesem Spiel können Kinder ihre Merk- und Rechenfähigkeiten trainieren.

- *ab sieben Jahren*
- *ab zwei Kinder*
- *zehn Minuten*
- *drinnen*
- *Papp- oder Papierkarten*

So wird gespielt:

Vorher bittet ihr eure Eltern, für euch 48 Spielkarten herzustellen. Dabei werden auf die eine Hälfte der Karten Rechenaufgaben geschrieben und auf die andere Hälfte der Karten die Lösungen. Dann werden die Memory-Karten verdeckt auf den Tisch gelegt und es wird wie bei einem ganz normalen Memory auch gespielt. Sobald ihr zwei Karten umdreht, auf denen die Rechenaufgabe und das Ergebnis zusammenpassen, dürft ihr die Karten aufnehmen. Gewonnen hat am Ende das Kind mit den meisten Karten.

„Ich zähle was, und das ergibt …"

Das Spiel:

Dies Spiel ist die Mathe-Variante des beliebten Zeitvertreibs „Ich sehe was, was du nicht siehst."

- *ab sechs Jahren*
- *ab drei Kinder*
- *eine Minute*
- *drinnen oder draußen*
- *keines*

So wird gespielt:

Ein Kind wird ausgewählt und das schaut sich jetzt um, bis es etwas entdeckt hat, das man zählen kann. Zum Beispiel drei Bananen, die in einer Schüssel liegen. Das Kind sagt dann „Ich zähle was, und das ergibt drei." Jetzt müssen sich alle anderen Kinder umschauen, was das Kind gemeint haben könnte. Das Kind, das dann als erstes die richtige Antwort weiß, ist als nächstes dran.

Kinder, die schon besser rechnen können, können auch eine Rechenaufgabe vorgeben. Um beim Beispiel mit den Bananen zu bleiben: „Ich zähle was, und das ergibt sich aus fünf minus zwei."

Rechenbingo

Das Spiel:

Hier sind kleine Kopfrechner gefragt, die schon gut die Grundrechenarten können.

- *ab acht Jahren*
- *ab vier Kinder*
- *etwa zehn Minuten*
- *drinnen*
- *Zettel, Stifte*

So wird gespielt:

Zuerst bekommt jedes Kind einen Zettel und einen Stift. Auf den Zettel malt jeder ein Quadrat mit drei mal drei oder vier mal vier Feldern. In diese Felder trägt dann jeder Zahlen zwischen eins und 100 ein. Welche, das kann man sich aussuchen.
Dann darf das älteste Kind anfangen und eine Rechenaufgabe stellen, zum Beispiel fünf mal neun. Das Kind, das eine 45 auf seinem Zettel hat, darf diese durchstreichen. Dann ist das nächste Kind mit einer Rechenaufgabe dran.
Das Spiel ist dann zu Ende, sobald das erste Kind alle Felder auf seinem Bingo-Zettel ausstreichen konnte.

Rechnen mit Tieren

Das Spiel:

- *ab sechs Jahren*
- *ab acht Kinder*
- *10 bis 15 Minuten*
- *drinnen*
- *Memorykarten mit Tiermotiven*

So wird gespielt:

Am meisten Spaß macht dieses Spiel mit einem Spielleiter. Am besten ein Erwachsener oder ein schon älteres Kind. Dann werden die Kinder in zwei gleich große Gruppen aufgeteilt. Jedes Kind bekommt eine Tierkarte, wobei der Spielleiter darauf achtet, dass die ausgegebene Tierkarte jeweils in beiden Gruppen vertreten ist. Dann werden Rechenaufgaben gestellt. Um sicher zu gehen, dass auch alle Kinder mitrechnen, wird zuerst nur die Aufgabe gestellt – und nach einer kurzen Bedenkpause etwas später gesagt, welches Tier die Lösung verraten darf.
Das Kind, das dann als erstes das richtige Ergebnis sagt, bekommt für seine Gruppe einen Punkt gutgeschrieben.

Vier in einer Reihe

Das Spiel:

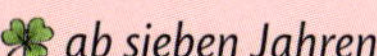

- *ab sieben Jahren*
- *ab vier Kinder*
- *fünf bis zehn Minuten*
- *drinnen oder draußen*
- *großes Blatt Papier, Würfel, grüner, roter und schwarzer Filzstift*

So wird gespielt:

Als erstes malt ihr auf das große Blatt Papier ein Quadrat mit vier mal vier Feldern. Dann bildet ihr zwei Mannschaften und jede Mannschaft darf abwechselnd eine Zahl zwischen 1 und 16 mit dem schwarzen Filzstift in eines der Felder malen. Dann wird abwechselnd gewürfelt, erst Team „Rot", dann Team „Grün". Ihr dürft dafür bis zu drei Würfel gleichzeitig verwenden, aber auch mit nur zweien oder einem würfeln. Nach jedem Wurf müsst ihr ausrechnen, welches Ergebnis ihr gewürfelt habt und die entsprechende Zahl mit der Farbe eures Teams auf dem Blatt ausstreichen. Wenn die Zahl schon ausgestrichen ist, bleibt der Wurf ergebnislos und das andere Team ist wieder dran.
Gelingt es einem Team, vier Zahlen in benachbarten Feldern auszustreichen, hat dieses Team gewonnen. Die Reihe kann waagerecht, senkrecht oder diagonal sein.

Bei diesem Spiel muss man geschickt würfeln, fix im Kopf rechnen und auf die richtigen Ergebnisse hoffen.

Kistchenrechnen

Das Spiel:

- *ab sechs Jahren*
- *ab zwei Kinder*
- *eine Minute*
- *drinnen*
- *zwei kleine Kisten, kleine Zettel, Stift*

So wird gespielt:

Als Erstes schreibt ihr auf zehn kleine Zettel jeweils eine Zahl von eins bis zehn. Die Zettel legt ihr in das eine Kistchen. Dann beschriftet ihr noch einmal zehn kleine Zettel jeweils mit einer Zahl von eins bis zehn. Diese Zettel legt ihr in die zweite Kiste. Dann darf sich jeweils ein Kind an eine der Kisten stellen und einen Zettel ziehen. Die beiden Zettel werden hochgehalten und die beiden Zahlen zusammengezählt. Anschließend wird die niedrigere Zahl von der höheren abgezogen. Dann werden die Zettel wieder in die Kistchen zurückgelegt. Die beiden Kinder, die als erste die richtige Antwort geben, dürfen sich dann an die Kistchen stellen und zwei neue Zettel ziehen.

Ein ideales Spiel für Rechenanfänger, um Zusammenzählen und Abziehen zu lernen.

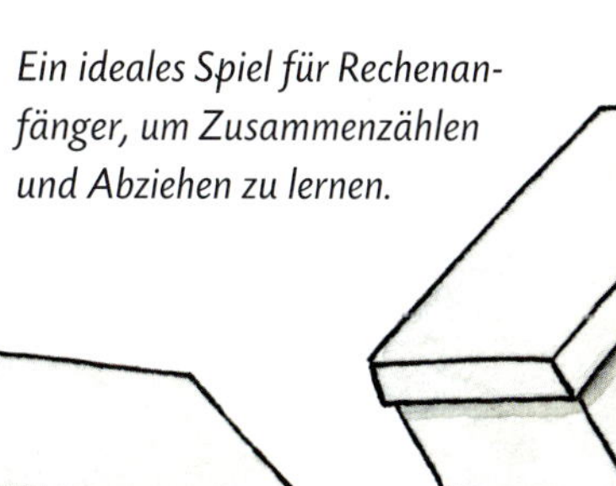

Wett- und Würfelspiele

Manchmal hängt es nur noch von einem Wurf ab. Wie herrlich aufregend ist es, wenn sich die Würfel drehen und alle gebannt darauf warten, wem das Glück hold sein wird, ob am Ende auch die richtige Zahl oben liegt.

Eigentlich ist es ein sehr beliebtes Kartenspiel, bei dem es auf etwas Glück ankommt. Man kann es aber auch mit einem Würfel spielen.

Black Jack

Das Spiel:

- *ab acht Jahren*
- *zwei Kinder*
- *etwa fünf Minuten*
- *drinnen*
- *ein Würfel*

So wird gespielt:

Beide Spieler würfeln zweimal abwechselnd und merken sich dabei ihre Augenzahlen.
Hat ein Spieler nach dem zweiten Wurf weniger als zehn Punkte, muss er noch einmal würfeln, um den anderen Mitspieler bei der Augenzahl zu überbieten. Dann ist wieder der erste Spieler dran. Das Ziel des Spiels ist, möglichst nahe – oder genau – auf 21 Augen zu kommen. Deshalb sollte man genau überlegen, ob man ab 16 noch weiterwürfeln soll. Mit einer „fünf" erreicht man zwar genau 21, mit einer „sechs" jedoch wären es 22 und man hätte verloren. Hat der Gegenspieler jedoch z.B. bereits eine 17 oder mehr, muss man würfeln, weil man mit einer "16" bereits verloren hätte.

Wer ist gut im Kopfrechnen und behält den Überblick?

Wer teilt, gewinnt!

Das Spiel:

- *ab neun Jahren*
- *ab drei Kinder*
- *etwa fünf Minuten*
- *drinnen*
- *zwei Würfel, Papier, Stifte*

So wird gespielt:

Jeder Spieler würfelt zweimal. Beim ersten Mal mit zwei Würfeln, beim zweiten Mal mit einem Würfel. Lässt sich die zweite Zahl durch die erste teilen (zum Beispiel 6 : 3) bekommt der Spieler einen Punkt gutgeschrieben. Aber: durch Eins darf nicht geteilt werden. Wer zuerst zehn Punkte erreicht hat, gewinnt.

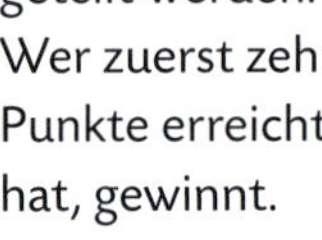

Glaube und Zweifel

Das Spiel:

🍀 *ab neun Jahren*
🧸 *beliebig viele Kinder*
⚽ *zehn Minuten*
☾ *drinnen*
zwei Würfel, Würfelbecher, ein Filzuntersetzer (oder Bierdeckel), Streichhölzer, Papier und Stift

So wird gespielt:

Jeder Spieler bekommt als Knobel zehn Streichhölzer. Dann bekommt der erste Spieler Würfel, Becher und Filz und würfelt. Er schaut sich seine gewürfelte Zahl verdeckt an und gibt den Würfelbecher und Filz so weiter, dass die Würfel dabei nicht verdreht werden. Dann sagt er seine Zahl – die echte oder eine ausgedachte – laut an. Der nächste Spieler hat jetzt zwei Möglichkeiten. Einerseits kann er die Zahl glauben. Dann ist er mit dem Würfeln dran. Oder er glaubt die genannte Zahl nicht und äußert seine Zweifel, zum Beispiel, indem er sagt: „Das glaube ich dir nicht." Dann schaut er unter den Würfelbecher. Hat er mit seinem Zweifel recht, muss der Spieler vor ihm einen Knobel in die Mitte legen. War die genannte Zahl aber richtig, muss der Zweifler selbst einen Knobel in die Mitte legen.
Die andere Möglichkeit ist, dass der Spieler seinem Vordermann glaubt. Dann schüttelt er den Würfelbecher und schaut verdeckt drunter. Seine Zahl muss jetzt höher sein als die von seinem Vorgänger. Ist sie das nicht, muss sich der Spieler eine höhere Zahl ausdenken und sie dem nächsten Spieler sagen. Nun ist es an diesem, zu glauben oder zu zweifeln.
Der Spieler, der als erster keine Knobel mehr hat, darf noch eine „Hoffnungsrunde" mitspielen. Das heißt: Er ist so lange noch dabei, bis er einen weiteren Knobel in die Mitte legen müsste. Ist das der Fall, scheidet der Spieler aus.
Beim Würfeln wird folgendermaßen gezählt: Würfelt man eine Drei und eine Fünf, ist immer die höhere Zahl der „Zehner", in diesem Fall wäre es also eine 53. Bei einer Sechs und einer Eins wären es 61, bei einer Drei und einer Vier 43. Bei zwei gleichen Zahlen ist dies ein Pasch. Jeder Pasch ist höher als ein Zahlenwurf, der höchste Pasch ist ein Sechserpasch. Wer eine Eins und eine Zwei würfelt, hat einen „Meier" – und das ist die höchste Punktzahl im Spiel.

Die Symbole
🍀 = *Alter*
🧸 = *Mitspieler*
⚽ = *Dauer*
☾ = *Ort*
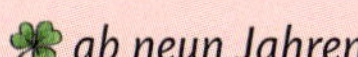 = *Material*

Dieses Spiel ist auch als „Meiern" bekannt. Dabei kommt es darauf an, immer eine höhere Zahl zu würfeln als derjenige, der vorher dran war. Ob das immer gelingt?

Hoch und runter

Hier zählt wirklich nur eins – und das ist Glück beim Würfeln!

Das Spiel:

- *ab neun Jahren*
- *ab drei Kinder*
- *fünf bis zehn Minuten pro Runde*
- *drinnen*
- *Würfel, Papier, Stifte*

So wird gespielt:

Jeder Spieler würfelt siebenmal hintereinander. Der erste und der zweite Wurf werden zusammengezählt, der dritte Wurf wird davon abgezogen. Der vierte Wurf wieder hinzugezählt, der fünfte abgezogen, der sechste zugezählt und der siebte und letzte abgezogen. Wer am Ende die meisten Punkte hat, gewinnt. Wer die wenigsten Punkte hat oder sogar ins Minus abrutscht, darf die nächste Runde vorlegen.

Stein, Schere, Papier

Bevor es losgeht, müssen sich die Spieler darüber einigen, wie Stein, Schere, Papier und Brunnen dargestellt werden.

Das Spiel:

- *ab sechs Jahren*
- *ab zwei Kinder*
- *drei bis vier Minuten*
- *drinnen oder draußen*
- *keines*

So wird gespielt:

Gespielt wird immer zu zweit. Dabei stehen sich die Spieler gegenüber. Beide machen mit einer Hand eine Faust und schwingen sie dabei leicht von rechts nach links und wieder zurück. Passend zur Bewegung der Hand spricht einer der Spieler „Sching, schang, schong" oder zählt „Eins, zwei, drei". Bei „schong", beziehungsweise „drei" müssen beide Spieler gleichzeitig ihre Hand öffnen und einen Stein, eine Schere, ein Blatt Papier oder einen Brunnen darstellen. Dann wird nachgeschaut, was jeder Spieler darstellt und wer gewonnen hat. Haben beide dasselbe, gilt die Runde als nicht gespielt. Gespielt wird über fünf oder sieben Runden. Wer je nachdem drei oder vier Runden gewonnen hat, hat das Spiel gewonnen. Die Sieger treten dann in der nächsten Runde gegeneinander an.

Hier alle möglichen Kombinationen – und welche gewinnen:

Stein und Schere: Der Stein schleift die Schere. Der Stein gewinnt.
Stein und Papier: Das Papier wickelt den Stein ein. Das Papier gewinnt.
Stein und Brunnen: Der Stein fällt in den Brunnen. Der Brunnen gewinnt.
Schere und Papier: Die Schere schneidet das Papier. Die Schere gewinnt.
Schere und Brunnen: Die Schere fällt in den Brunnen. Der Brunnen gewinnt.
Papier und Brunnen: Das Papier deckt den Brunnen zu. Das Papier gewinnt.

Übrigens:

Wenn ihr genau aufgepasst habt, seht ihr, dass Schere und Stein nicht ganz so gute Lösungen sind. Beide gewinnen nur einmal (Schere gegen Papier, Stein gegen Schere), Brunnen und Papier haben aber zwei Gewinnoptionen (Brunnen gegen Schere und gegen Stein, Papier gegen Stein und Brunnen).
Mit etwas Übung werdet ihr sicherlich schnell herausfinden, welches Symbol ihr öfter benutzt – und welches nicht.

Die Symbole

= Alter
= Mitspieler
= Dauer
= Ort
= Material

Volles Risiko

Wer rechtzeitig aufhört, hat die besten Chancen, am Ende zu gewinnen

Damit keine Langeweile aufkommt, kann man auch vorgeben, dass bei einer gewürfelten Eins die Punkte verfallen und eine Sechs dann sechzig Punkte zählt .

Das Spiel:

- *ab acht Jahren*
- *ab zwei Kinder*
- *fünf Minuten*
- *drinnen*
- *ein Würfel, Zettel und Stift*

So wird gespielt:

Als Erstes legt ihr fest, bis zu welchem Ergebnis gewürfelt werden soll, zum Beispiel bis 301. Würfelt ihr eine Eins, zählt dies 100 Punkte. Zwei, Drei, Vier und Fünf zählen jeweils die Augenzahl. Nur die Sechs ist gefährlich. Wird sie gewürfelt, verfallen alle Punkte, die in dieser Runde gewürfelt wurden. Ein Beispiel: Ein Kind hat in den letzten beiden Runden 110 Punkte gewürfelt. Es ist dran und würfelt eine Eins und eine Zwei, dann hat es weitere 102 Punkte gewürfelt. Das Kind riskiert aber noch einen dritten Wurf und würfelt eine Sechs. Dadurch verfallen die 102 Punkte, die notierten Punkte bleiben aber bestehen. Eine wirklich gute Strategie gibt es bei diesem Spiel nicht. Man kann sich auf sein Glück verlassen oder aufpassen, wann zuletzt eine Sechs gewürfelt wurde. Je länger das her ist, umso größer ist dann auch das Risiko, dass wieder eine Sechs gewürfelt wird. Noch eins: Wer am Anfang eine Sechs würfelt, notiert sich keine Punkte, sondern gibt den Würfel an seinen Nachbarn weiter.

Vorsagen verboten!

Das Spiel:

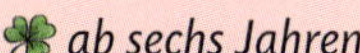

ab sechs Jahren
zehn Kinder und mehr
je nach Zahl der Kinder etwa zehn Minuten
drinnen oder draußen
keines

So wird gespielt:

Als Spielleiter sollte ein älteres Kind oder ein Erwachsener bestimmt werden. Dann stellen sich alle Kinder der Größe nach hintereinander auf und zählen durch. Alle Kinder mit einer ungeraden Zahl treten zwei Schritte nach links, alle Kinder mit einer geraden Zahl zwei Schritte nach rechts. Dann stellt der Spielleiter die erste Rechenaufgabe. Antworten müssen immer die Kinder an der Spitze der Reihe. Die anderen dürfen ihren Mannschaftskameraden aber nicht helfen. Wer vorsagt, scheidet aus.
Das Kind, das die Rechenaufgabe als erstes beantwortet, darf sich ans Ende seiner Mannschaft stellen, das andere Kind scheidet aus. Das Spiel ist zu Ende, wenn alle Mitglieder einer Mannschaft ausgeschieden sind.

In diesem Spiel treten zwei Teams gegeneinander an und ermitteln den Meister im Kopfrechnen. Vorausgesetzt, der Spielleiter hat genügend Aufgaben vorbereitet.

Bei einer Eins – aus

Das Spiel:

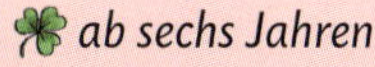

ab sechs Jahren
zwei bis sechs Kinder
etwa zehn Minuten
drinnen
ein Würfel, Papier und Stift

So wird gespielt:

Die Eins entscheidet, wer im Spiel bleiben darf oder frühzeitig ausscheiden muss. Deshalb ist es bei diesem Spiel das Ziel, eine Eins besser nicht zu würfeln.
Maximal sechs Runden darf jedes Kind würfeln. Dabei wird nach jedem Wurf die Augenzahl notiert und mit dem bisherigen Punktestand zusammengezählt. Wer aber eine Eins würfelt, muss ausscheiden. Die bis dahin erreichte Punktzahl ist sein Endergebnis. Gewonnen hat nach den sechs Runden, oder wenn vorher schon alle eine Eins gewürfelt haben, der Spieler mit der höchsten Punktzahl.
Haben zwei Spieler die gleiche Punktzahl, würfeln sie gegeneinander so lange weiter, bis einer von ihnen eine Eins würfelt.

Anfangen darf, wer beim ersten Würfeln die höchste Augenzahl hat.

Würfelpiekser

Wer Rosinenkönig werden möchte, braucht Glück beim Würfeln und Geschick beim Sammeln.

Das Spiel:

- *ab vier Jahren*
- *ab zwei Kinder*
- *etwa zehn Minuten*
- *drinnen oder draußen*
- *Würfel, Rosinen, Schaschlikspieß oder Essstäbchen*

So wird gespielt:

Zuerst wird eine Schale mit Rosinen so auf den Tisch oder auf den Boden gestellt, dass alle Kinder ohne Probleme darankommen. Dann geht es mit dem Würfeln los. Das Kind, das zuerst eine „6" würfelt, darf sich den Schaschlikspieß nehmen und versucht nun, so schnell wie möglich die Rosinen aufzupieksen. Damit es nicht zu schwierig wird, darf jede aufgepiekste Rosine abgestreift werden. Ihr könnt es aber auch so spielen, dass alle Rosinen nacheinander aufgenommen werden müssen. Sobald das nächste Kind eine „6" würfelt, bekommt es den Schaschlikspieß und darf jetzt Rosinen aufpieksen. Vorher darf der bisherige Schaschlikspieß-Besitzer aber noch seine Rosine(n) abstreifen. Das Spiel ist vorbei, wenn keine Rosinen mehr in der Schüssel sind.

Variante:

Bei älteren und geschickteren Kindern kann der Schaschlikspieß auch durch Essstäbchen ersetzt werden. Damit kann man sehr gut kleine Dinge wie Rosinen aufnehmen. Vorher solltet ihr euch aber zeigen lassen, wie man die Stäbchen am besten in der Hand hält.

Würfelbingo

Wer zuerst die Zahlen auf seinem Bingozettel gewürfelt hat, gewinnt.

Das Spiel:

- *ab sieben Jahren*
- *ab zwei Kinder*
- *fünf bis zehn Minuten*
- *drinnen*
- *zwei Würfel, Stifte*

So wird gespielt:

Dieses Spiel können zwei Kinder spielen. Dazu braucht jedes Kind Papier, einen Stift und zwölf Eincentstücke. Auf sein Blatt Papier malt jedes Kind ein Quadrat mit zwölf Kästen, die in jeweils vier Reihen angeordnet sind. In jeden Kasten wir eine Zahl zwischen 2 und 12 geschrieben. Welche, das kann jedes Kind selbst entscheiden. Jede Zahl darf mehrmals vorkommen.
Anschließend wird abwechselnd gewürfelt. Dabei wird die Augenzahl der beiden Würfel immer zusammengezählt, also zum Beispiel: 4 +2 = 6. Hat das Kind dann

z.B. eine 6 auf seinem Zettel, darf die Zahl mit einem Eincentstück (Papierschnipsel, Steine tun es auch) abgedeckt werden. Steht z.B. mehrmals eine 6 auf dem Papier, darf jede 6 abgedeckt werden. Steht die gewürfelte Zahl nicht auf dem Papier, ist das andere Kind dran. Gewonnen hat das Kind, das zuerst längs, quer oder diagonal vier Zahlen in einer Reihe abgedeckt hat.

Die Symbole

🍀 = *Alter*
🧸 = *Mitspieler*
⚽ = *Dauer*
🌙 = *Ort*
✴ = *Material*

Kleine Spiele für zwischendurch

Langeweile haben, das gilt nicht. Wenn keine Zeit für ausgiebiges Spielen da ist, überbrücken diese Spiele jeden noch so kleinen Durchhänger.

Fantasietiere

Der Spaß an diesem Spiel ist, dass ihr nicht wisst, was euer Vorgänger gemalt hat. Da sind lustige Fantasietiere so gut wie sicher.

Das Spiel:

- *ab vier Jahren*
- *ab vier Kinder*
- *10 bis 15 Minuten*
- *drinnen*
- *Papierbögen, Buntstifte*

So wird gespielt:

Das erste Kind malt, ohne dass die anderen hinschauen dürfen, den ersten Teil eines Tieres, zum Beispiel das Geweih, Hörner oder die Ohren. Dann wird dieser Teil des Bildes nach hinten umgeklappt und das nächste Kind malt nun den Kopf, knickt dies ebenfalls nach hinten weg und reicht das Blatt weiter. So ist der Reihe nach jedes Kind dran, bis das Blatt voll ist und zur Überraschung und Freude aller ein lustiges Fabeltier entstanden ist.
Das Spiel hilft dabei, so manche Wartezeit zu überbrücken.

Fünf in einer Reihe

Das Spiel:

- *ab neun Jahren*
- *zwei Kinder*
- *etwa zehn Minuten pro Runde*
- *drinnen*
- *Papier, verschiedene Farbstifte*

So wird gespielt:

Zuerst zeichnet ihr auf ein Blatt Papier ein Quadrat mit neun mal neun Feldern (insgesamt also 81 Felder). Dann wird ausgelost welcher Spieler als Erster sein Symbol, ein Kreuz, in eines der Felder zeichnet. Dann ist der andere Spieler dran und darf sein Symbol, einen Kreis, einzeichnen. Ziel des Spiels ist es, fünf Kreuze (oder Kreise) in einer Linie zu zeichnen. Dabei ist egal, ob es vertikal, horizontal oder diagonal ist. Verhindern kann der andere Spieler diese Linie dadurch, dass er mit seinem Symbol die Reihe des anderen Spielers unterbricht. Wenn ihr lieber schnellere Spiele mögt, könnt ihr das Spielfeld auch verkleinern, zum Beispiel auf sieben mal sieben oder sechs mal sechs Felder.

Dieses Spiel ist eine Abwandlung von „Fünf gewinnt" und dem japanischen Brettspiel „Go".

Schnippsen

Das Spiel:

- *ab sieben Jahren*
- *ab zwei Kinder*
- *drei bis fünf Minuten*
- *drinnen*
- *drei Zehncentmünzen pro Kind*

So wird gespielt:

Sucht euch einen Tisch mit einer glatten Oberfläche. Jedes Kind bekommt drei Zehncentmünzen. Eines legt seine Münzen in die Mitte des Tisches. Sie sollten jedoch einen kleinen Abstand voneinander haben. Dann wird eine Tischseite ausgewählt, von der aus die anderen Kinder abwechselnd immer eine Münze „schnippsen" dürfen. Kleiner Tipp: Das geht am besten mit dem Zeigefinger!
Berührt nun eine der geschnippsten Münzen eine der Münzen auf dem Tisch, darf der Spieler seine Münze und die berührte Münze wegnehmen.
Aber was passiert, wenn eine Münze vom Tisch geschnippst wird? Dann gehört die Münze, dem Kind, das als Erstes seine drei Münzen auf dem Tisch platziert hat. Hat die dabei vom Tisch gefallene Münze noch eine andere berührt, darf das Kind auch diese Münze wegnehmen.
Das Spiel ist vorbei, wenn keine Münzen mehr auf dem Tisch sind. Gewonnen hat das Kind, das am meisten Münzen hat.

Lasst mit euren Fingern Geldstücke geschickt über den Tisch flitzen. Aber vergesst dabei das Zielen nicht!

Schweinchen malen

Was mag dabei wohl rauskommen, wenn man versucht, mit verbundenen Augen ein Tier zu malen?

Das Spiel:

- *ab fünf Jahren*
- *ab zwei Kinder*
- *15 bis 20 Minuten*
- *drinnen*
- *Stifte, Papier und eine Augenbinde*

So wird gespielt:

Ein Kind wird ausgewählt und setzt sich an den Tisch. Dann werden ihm die Augen verbunden. Auf ein großes Blatt Papier soll es nun mit einem Stift ein „Schweinchen" malen. Das muss natürlich nicht ein Borstentier sein, sondern kann auch ein anderes Tier sein. Die anderen Kinder können mit Worten dem zeichnenden Kind helfen. Wenn das Kind fertig ist, kommt das nächste an die Reihe und muss ebenfalls mit verbundenen Augen sein „Schweinchen" auf ein Blatt Papier malen. Das „Schweinchen", das am Ende dem natürlichen Vorbild am ähnlichsten sieht, hat gewonnen.

Mit verbundenen Augen ist es schon schwer genug. Aber noch schwieriger wird es, wenn ihr mit eurer schwächeren Hand malen müsst, als Rechtshänder mit der linken Hand und umgekehrt.

Für die etwas älteren Kinder könnt ihr es dann auch noch auf die Spitze treiben, indem das „Schweinchen" über Kopf gemalt wird. Und natürlich alles ohne Hingucken!

Ratemaler

Das Spiel:

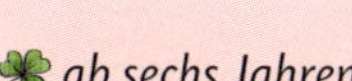
ab sechs Jahren
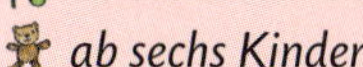
ab sechs Kinder

30 bis 60 Minuten
drinnen
Tafel, Kreide, Stifte, Papier

So wird gespielt:

Als Erstes wählen die Kinder einen Spielleiter, am besten ein älteres Kind oder einen Erwachsenen. Dann werden zwei Mannschaften gebildet. Inzwischen bereitet der Spielleiter auf kleinen Zetteln Aufgaben vor. Das können Gegenstände sein wie z.B. „Winterreifen" oder „Sonnenbad" oder Tätigkeiten wie „zur Schule gehen" oder „frühstücken" oder richtig schwere Sachen wie „verreisen" oder „glücklich sein".
Die erste Mannschaft bestimmt nun einen „Ratemaler". Der bekommt vom Spielleiter einen Zettel und zeichnet dann auf eine Tafel oder ein großes Blatt Papier, auf das alle Kinder sehen können, den gesuchten Begriff. Dabei dürfen beide Mannschaften fleißig mitraten. Die Mannschaft, die den Begriff zuerst erkennt, bekommt einen Punkt gutgeschrieben. Sobald der Begriff erraten ist, bekommt das Kind vom Spielleiter den nächsten Begriff gezeigt. Gespielt wird auf Zeit. Wenn die Zeit abgelaufen ist, kommt die andere Mannschaft mit einem Zeichner dran. Von Runde zu Runde kann es dabei immer schwieriger werden.

Einen Gegenstand oder eine Tätigkeit zeichnerisch darstellen – das kann ja wohl nicht so schwer sein?

Ein sicheren Platz für den König

Wer sich hier nicht gut versteckt, ist sein Versteck schnell los. Denn der König sucht eine sichere Zuflucht.

Das Spiel:

- *ab acht Jahren*
- *ab fünf Kinder*
- *etwa zehn Minuten*
- *drinnen*
- *ein kurzer Stab als „Szepter", notfalls eignet sich dafür auch ein Holzlöffel*

So wird gespielt:

Zuerst wird ein König bestimmt, der das „Szepter" erhält. Dann muss der König die Augen schließen und laut bis „zehn" zählen. In der Zwischenzeit verstecken sich alle Kinder. Aber leise, damit der König nichts hört.

Wenn der König langsam bis „zehn" gezählt hat, ruft er: „Eins, zwei, drei, ich komme!" Seine Suche beginnt er nun auf leisen Sohlen. Sobald er ein Kind gefunden hat, tickt er es mit seinem Szepter an. Das entdeckte Kind muss nun sein Versteck verlassen, das der König einnimmt.

Der neue König macht sich nun seinerseits auf die Suche, bis er ein Kind entdeckt.

So geht das immer weiter, bis ein Kind zweimal entdeckt wurde. In seinem Versteck darf sich der König nun nicht mehr verstecken. Der zweimal entdeckte Spieler scheidet aus, der König muss weitersuchen.

Wer gewinnt? Derjenige, der sich am längsten vor dem König verstecken konnte.

Eins, zwei, drei, vier Eckstein!

Das Spiel:

ab sechs Jahren
ab drei Kinder
etwa fünf bis zehn Minuten
draußen
keines

So wird gespielt:

Zunächst sollte der Bereich festgelegt werden, indem sich die Mitspieler verstecken können. Der sollte nicht zu groß sein, aber trotzdem genügend Verstecke bieten. Außerdem muss noch ein Ort als „Heimat" oder „Zuhause" bestimmt werden. Das kann ein Baum, ein Zaunpfosten oder ein Stuhl sein.

Findet sich niemand, der freiwillig suchen will, wird das Kind bestimmt, das als letztes Geburtstag hatte.

Die Kinder stellen sich alle beim „Zuhause" auf, dann muss der Sucher sich umdrehen, die Augen schließen und langsam sagen: „Eins, zwei, drei, vier Eckstein, alles muss versteckt sein. Vor mir und hinter mir gilt nicht." Sobald das Kind anfängt, den Spruch aufzusagen, müssen alle Kinder schnell und leise weglaufen und sich verstecken. Dann fängt das Kind langsam an, bis 10 oder 20 zu zählen. Ist es damit fertig, ruft es: „Ich komme jetzt und suche euch!"

Der Jäger macht sich nun auf die Suche – und sobald er ein Kind in seinem Versteck entdeckt, läuft der Jäger schnell zurück zur „Heimat" oder dem „Zuhause", berührt den Gegenstand und ruft, wenn zum Beispiel ein Sebastian mitspielt „Sebastian, ich sehe dich. Komm heraus aus deinem Versteck."

Sebastian muss dann sein Versteck verlassen und zum Jäger kommen. Gemeinsam suchen sie dann weiter nach dem nächsten Kind.

Variante:

Wenn der Jäger das versteckte Kind entdeckt, kann dieses auch schnell aus seinem Versteck herauslaufen und versuchen, vor dem Jäger an der „Heimat" zu sein. Dann ist das Kind „befreit" und kann zuschauen, wie der Jäger die anderen Kinder versucht zu fangen. Ist der Jäger aber zuerst an der „Heimat", muss das gefangene Kind dem Jäger beim Suchen nach den anderen Kindern helfen.

Dieses klassische Kinderspiel wird niemals langweilig.

Die Symbole

= *Alter*
= *Mitspieler*
= *Dauer*
= *Ort*
= *Material*

Pfänderspiele

Was soll dies Pfand in meiner Hand?

Bei vielen Spielen in diesem Buch könnt ihr auch die Regel aufstellen, dass ein Kind, das einen Fehler macht oder nicht aufpasst, dafür ein Pfand abgeben muss. Wenn ihr mehrere Spiele macht, könnt ihr die Pfänder sammeln. Zum Beispiel einen Schuh, eine Mütze, einen Schal, eine Kette, einen Gürtel, einen Schlüssel oder einen Rucksack.
Zum Schluss müssen die Pfänder dann von ihren Besitzern wieder ausgelöst werden: Die Pfänder werden alle auf einen Haufen gelegt, dann wird ein Kind ausgewählt, das die Pfänder zieht.
Die anderen Kinder dürfen aber nicht sehen, welches Pfand ausgewählt wird und müssen sich vorher umdrehen. Dann wird gefragt:
„Was soll dies Pfand in meiner Hand?"
Die Kinder denken sich jetzt eine lustige Aufgabe aus. Dann muss das Kind, dem das Pfand gehört, die Aufgabe erfüllen und bekommt dafür sein Pfand zurück.

Hier ein paar Vorschläge:

- Auf einem Bein hüpfen und sich dabei einmal im Kreis drehen
- In die Hocke gehen, wie eine Ente herumwatscheln und dabei quaken
- Unter einem Stuhl hindurchkriechen ohne dass er umkippt
- Sich auf den Boden setzen und wieder aufstehen, ohne sich dabei mit den Händen abzustützen
- Ein Lied singen oder ein Gedicht aufsagen
- Hüpfen
- Klingelstreich spielen
- Einen Witz erzählen
- Grimassen schneiden, bis ein Kind lacht
- Ein Kind Huckepack herumtragen
- Eine Lügengeschichte erzählen
- Ein Gedicht erfinden
- Auf einem Bein stehend einen Nadel einfädeln
- Eine Pantomime aufführen, die die anderen Kinder dann erraten müssen
- Rückwärts das ABC aufsagen, rückwärts von zehn zählen
- Eine Rätselfrage beantworten
- Einen Keks essen und dabei ein Lied pfeifen
- Die Zunge herausstrecken und zu einem „U" rollen.

• Auf einem Bein hüpfen und sich dabei einmal im Kreis drehen.
• Hüpfen
• Auf einem Bein stehen
• Eine Pantomime aufführen, die die anderen Kinder erraten müssen.
• Ein Lied singen oder ein Gedicht aufsagen

Register von A bis Z